BIBLIOTHÈQUE PROUSTIENNE
sous la direction de Luc Fraisse
11

La Pensée de Marcel Proust

Gilbert Romeyer Dherbey

La Pensée de Marcel Proust

PARIS
CLASSIQUES GARNIER
2015

Gilbert Romeyer Dherbey est professeur émérite de philosophie à l'université Paris-Sorbonne et directeur honoraire du centre Léon-Robin (CNRS – Paris-Sorbonne).

ISBN 978-2-8124-3476-1 (livre broché)
ISBN 978-2-8124-3477-8 (livre relié)
ISSN 2117-3494

À la mémoire de Serge Tribolet.

L'encre et son odeur de temps
Milosz, *Symphonie de Novembre*[1]

1 *Étude et morceaux choisis*, par Pierre Rousselet, Paris, Seghers, « Poètes d'aujourd'hui », n° 17, 1949, p. 196.

ABRÉVIATIONS

A D	*Albertine disparue*
Corr., K	*Correspondance*, édition Ph. Kolb
C G	*Le Côté de Guermantes*
J F F	*À l'ombre des jeunes filles en fleurs*
J S	*Jean Santeuil*
P, ou *Prisonnière*	*La Prisonnière*
S G	*Sodome et Gomorrhe*
S, ou *Swann*	*Du côté de chez Swann*
T R	*Le Temps retrouvé*

Les références des textes d'*À la recherche du Temps perdu* sont données dans l'édition J.-Y. Tadié de « La Bibliothèque de La Pléiade » en 4 volumes.

PROUST ET LA PHILOSOPHIE

« Moi aussi, je suis peintre ! » s'exclamait Le Corrège, admirant la *Sainte Cécile* de Raphaël. Le jeune Marcel, suivant les Cours de son maître Darlu, a pu murmurer intérieurement : « Moi aussi, je suis philosophe », lui qui cherchait « un sujet philosophique pour une grande œuvre littéraire[1] », et dont le désir d'écrire se trouve paralysé par l'ampleur et la difficulté de la tâche qui se présente à lui : « Puisque je voulais un jour être écrivain, il était temps de savoir ce que je comptais écrire. Mais, dès que je me le demandais, tâchant de trouver un sujet où je pusse faire tenir *une signification philosophique infinie*, mon esprit s'arrêtait de fonctionner[2] ». Cette inhibition soudaine devant la « signification philosophique infinie » qui est à mettre au jour peut se pressentir dans le premier contact décevant entre le jeune Marcel et son professeur de philosophie Alphonse Darlu, représenté dans *Jean Santeuil* par M. Beulier et son « accent bordelais extrêmement prononcé[3] ». Dans la première leçon de M. Beulier en effet, Jean « ne trouva aucune de ces images splendides et parfumées auxquelles il aurait pu, pendant cette rude course intellectuelle, faire halte comme auprès de reposoirs de fleurs[4] ». À la fin de la leçon le professeur procède à la remise de leurs devoirs de vacances aux élèves qui ont bien voulu en rédiger. Jean, sûr de son triomphe, attend patiemment qu'arrive la lettre S, mais déception ! Le verdict de M. Beulier est sans appel : « Vous aurez beaucoup à faire pour composer [...] une dissertation de philosophie. Il faudra soigneusement bannir toutes ces métaphores, toutes ces images qui, mieux choisies que les vôtres, peuvent plaire au poète, mais que même alors la philosophie

1 *Swann*, I, p. 177. Proust, dans le *Carnet de 1908*, p. 61, s'interroge encore avec inquiétude : « Faut-il en faire un roman, une étude philosophique, suis-je romancier ? » (cité par J.-Y. Tadié, Introduction à son édition de *À la recherche du temps perdu*, Paris, Gallimard, « Bibliothèque de la Pléiade », t. I, p. XXXVII).

2 *C G*, II, p. 447.

3 *J S*, p. 260.

4 *Ibid.*, p. 261.

ne tolère pas[1] ». Malgré cette mercuriale, Jean se passionne pour la philosophie, et plus tard il rendra régulièrement visite à M. Beulier, qui lui fait lecture de Michelet ou des *Mémorables* de Xénophon[2]. Le jeune étudiant estime que son professeur est « l'homme que de sa vie entière il a le plus admiré[3] », et si plus tard Marcel changera d'avis sur Darlu[4], c'est parce que le kantisme de ce dernier ne pouvait pas se concilier entièrement avec la pensée proustienne.

Ce que la philosophie apporte au jeune lycéen, c'est un contenu ; sans lui, son goût de l'introspection aurait pu tourner au narcissisme stérile. Avant la rencontre avec M. Beulier en effet, Jean Santeuil avoue avoir développé « un esprit d'observation intérieure à qui l'étude de la philosophie n'avait pas encore donné son aliment[5] ». Dans une lettre de 1888 à Alphonse Darlu, qui lui avait parlé de l'introspection comme d'une maladie, Proust concède que, vers seize ans, elle lui était devenue intolérable, « mais maintenant, elle n'a plus du tout ce caractère[6] ». La philosophie transforme donc l'introspection en vie intérieure, et cette mutation sera pour Proust un acquit pour toujours.

La question de la philosophie va surgir à nouveau dans les pages de *Jean Santeuil*, où la vocation de Jean se révèlera dans l'épreuve de la recherche d'une carrière. « Quel chemin de la vie suivrai-je ? » disait Ausone ; telle est la question angoissante que se pose Jean à sa sortie du Lycée, et que lui posent aussi, de façon pressante, ses parents. Après avoir, sans succès, fait le tour des professions honorables, le Droit, les Affaires Etrangères, les Sciences Politiques, M. Santeuil se fâche contre Jean. Mais, « après s'être fâché, sur l'intercession de sa mère son père lui demanda avec douceur : Enfin, qu'est-ce que tu aimes ? Transporté par cette bonté, Jean sauta au cou de son père en pleurant [...]. Il dit : La philosophie[7] ».

1 *Ibid.*, p. 263.

2 *Ibid.*, p. 267. Xénophon, à propos duquel M. Beulier a cette formule : « C'est tout à fait simple, et pourtant tout est dit ».

3 *Ibid.*, p. 267. Voir aussi une lettre de Proust à Anatole France : « Mon professeur de philosophie, qui est un grand penseur » (*Corr.*, éd Kolb, I, p. 125 ; lettre 15, mai 1889). Sur Darlu, on pourra consulter le livre d'Henri Bonnet, *Alphonse Darlu (1849-1921) le maître de philosophie de Marcel Proust*, Paris, Nizet, 1961.

4 Voir le *Carnet de 1908* : « Aucun homme n'a jamais eu d'influence sur moi (que Darlu, et je l'ai reconnue mauvaise) ». Cité par Kolb, *Corr.*, I, p. 127, note 6.

5 *J S*, p. 236.

6 Lettre 13, à Alphonse Darlu, 2 octobre 1888. K, I, p. 121.

7 *J S*, p. 273.

Le jeune Marcel, dans la vie, ne dit d'ailleurs pas autre chose à son père, si nous en croyons une lettre à M. Adrien Proust : « Toute autre chose que je ferai, autre que les lettres et la philosophie, est pour moi du temps perdu[1] ». Et Jean va justifier son choix par le recours à un concept-clé de la pensée antique, le concept d'*âme* ; c'est ce qui ressort d'une scène très enlevée de *Jean Santeuil*, où Jean, accompagné de son père et de son ami Henri de Réveillon, rencontre M. Duroc, un jeune prodige reçu premier à la fois à l'École Normale Supérieure et à l'École Polytechnique, et qui démissionne de ces Grandes Ecoles pour faire sa Médecine. Après quoi, il est reçu premier au concours des Affaires Etrangères et devient Directeur de Cabinet du Ministre. Les présentations faites, M. Duroc demande aimablement à Jean : « À quoi vous destinez-vous, monsieur[2] ? ». Jean bafouille, et son père répond alors qu'il le destine aux Affaires Etrangères, mais que les goûts de son fils le portent vers la poésie. Duroc, conciliant, déclare que les deux ne sont pas incompatibles, et qu'un rapport bien tourné peut aider son signataire à obtenir de l'avancement. Intérieurement Jean regimbe, car il « ne s'était jamais représenté la poésie comme un assaisonnement auquel on a recours à volonté pour mettre un peu de piquant dans les affaires sérieuses[3] ». Puis il se lance et déclare à Duroc ébahi : « Ce dont j'ai besoin, c'est de me concentrer, de m'approfondir, de chercher la vérité, d'exprimer toute mon âme[4] ». Duroc ne comprend pas un tel langage et rétorque : « Vous voulez exprimer votre âme. Cela veut-il dire quelque chose ? [...] Demandez au Docteur D..., l'ami de votre père, ce que c'est que l'âme. J'ai peur qu'il ne vous rie au nez[5] ». M. Duroc, premier partout, n'a manifestement pas lu le *De anima* d'Aristote, et ne sait pas que l'âme est tout simplement le souffle, le principe de vie qui est en chaque être. Il se fait ici l'écho de la célèbre formule de Claude Bernard déclarant qu'il n'avait jamais rencontré l'âme au bout de son scalpel. Mais ce que l'on pourrait répondre à Claude Bernard parti à la recherche de l'âme, c'est qu'il n'a pas choisi le bon instrument : il faut prendre non pas le scalpel, mais la plume. Au bout de la plume en effet,

1 *Corr.*, K, I, p. 238. Lettre 102, sept. 1893. On trouve un écho de cette lettre dans *Jean Santeuil*, où M. de Ribeaumont dit à Jean : « Votre père trouvait que vous preniez trop au sérieux la philosophie » (p. 670).

2 *J S*, p. 439.

3 *J S*, p. 440.

4 *Ibid.*

5 P. 441.

on peut rencontrer l'âme, celle de l'homme qui la tient, car l'écriture est cette blessure par où l'âme s'écoule. Mais M. Duroc n'avait sans doute jamais eu le temps « de souffrir d'avoir une âme » comme le dit Jacques Lacan[1]. Cette scène, à la fois drôle et profonde, marquera Jean à tel point qu'il en signalera plus loin l'impact en notant : « Maintenant que l'idéal de l'homme supérieur ne se présentait pas pour lui sous les traits d'un lauréat de tous les Concours[2]... ».

Claude Bernard cherche l'âme comme un objet, là est son erreur. Mais allons plus loin : même si l'on prend l'âme comme sujet de ses méditations, en écrivant sur elle par exemple un traité théorique, on n'est pas sûr non plus de la trouver. En effet, comme le remarque le *Contre Sainte-Beuve*, « la seule manière qu'il y ait de l'esprit dans un livre, ce n'est pas que l'esprit en soit le *sujet*, mais qu'il l'ait fait[3] ». Et l'ait fait, bien entendu, « avec toute son âme » comme disait Platon. La formule de Proust est intéressante, car elle peut donner un éclairage sur le rapport qui se noue dans son œuvre entre littérature et philosophie : même si *Jean Santeuil* ou la *Recherche* ne sont pas des traités de philosophie, ils sont faits par un esprit dont le souci est manifestement philosophique. C'est pourquoi le *but* de la poésie et de la métaphysique peut tout à fait être le même, seule la *voie* empruntée (les moyens de le dire ?) diffèrent : « Si le littérateur et le poète peuvent aller, en effet, aussi profond dans la réalité des choses que le métaphysicien même, c'est par un autre chemin[4] ».

Le recours à une seconde notion éminemment philosophique apparaît dès la première page de *Jean Santeuil*, lorsque le jeune écrivain nous dit sa perplexité devant le caractère, romanesque ou non, à reconnaître à son œuvre :

> Puis-je appeler ce livre un roman ? C'est moins peut-être et bien plus, *l'essence même de ma vie*[5].

1 Conclusions aux Journées d'Étude de l'École freudienne de Paris, 9 novembre 1975, dans *Lettres de l'École*, n° 24, juillet 1978, p. 66.

2 *J S*, p. 446.

3 Éd. Clarac et Sandre, Paris, Gallimard, « Bibliothèque de la Pléiade », p. 308. *Sujet*, dans le contexte, est ici synonyme d'*objet*.

4 *Essais et articles*, Paris, Gallimard, « Bibliothèque de la Pléiade », p. 392. Sur les rapports qui existent entre philosophie et littérature, nous nous permettons de renvoyer à quelques indications données dans notre ouvrage *Une trace infime d'encre pâle. Six études de littérature et de philosophie mêlées*. La Versanne, Encre Marine, 2003, p. 171-177.

5 *Jean Santeuil*, p. 181. Nous soulignons. Voir aussi, p. 234 : « L'essence même de notre âme », et p. 269 : « essence d'âme ». Reprise de la même expression p. 246 : « L'essence même de sa vie ». Le contenu de ce qui constitue notre âme, son essence, sera révélé plus

L'essence c'est le cœur même d'un être, ce qui lui est essentiel et constitue donc sa vérité interne, sa réalité persistante, alors que l'accident est un à-côté de l'être, qui tombe sur lui de l'extérieur, et ne le constitue pas. Avec cette recherche de l'essence, nous voici bien loin des anecdotes, si savoureuses soient-elles. On cite toujours le début de la *Recherche*, mais celui de *Jean Santeuil*, que nous venons de rappeler, n'est pas moins mémorable : « l'essence même de ma vie ». Il donne le ton du grand œuvre, « long à écrire[1] », dès son ouverture, et sur ce point Proust ne variera jamais. À souligner la dimension philosophique de l'œuvre de Proust, nous resterons à l'écart d'une certaine légende proustienne qui a recouvert sa pensée d'une couche de témoignages et de traits touchant la vie de l'auteur et ses lieux mythiques (Cabourg, la chambre de liège...), la psychanalyse à tout va (le lien à la mère, l'homosexualité), les relations mondaines et le snobisme (les belles dames vêtues des robes de Fortuny, la Princesse de Caraman Chimay, la Comtesse de Chevigné, la Comtesse Greffulhe...). Outre que ce travail, au demeurant utile, a déjà été accompli, on ne privera pas Proust en faisant silence sur ce qu'il appelle « ma vie extérieure, c'est-à-dire la partie inintéressante de ma vie[2] ».

Dans les analyses qui suivront, il s'agit de prendre Proust *au sérieux*, au sérieux comme penseur, sans écraser pour cela par de lourdes références techniques les pages si ruisselantes de poésie de *Jean Santeuil* et de la *Recherche*. Proust philosophe ? certains critiques d'inspiration anglo-saxonne[3] ont vu, dans le choix de cette perspective, un travers propre aux commentateurs français de l'écrivain. En cela, ils sont un

loin dans *Jean Santeuil*, p. 318, p. 332, etc. Le mot « substance » est employé comme synonyme d'essence : « La substance même de notre vie » (*ibid.*, p. 497) ; « La substance de la vie » (p. 501), etc.

1 *T R*, IV, p. 620.

2 *Corr.*, K, XVI, p. 79. Lettre 30, à Jacques Truelle, 18 mars 1917.

3 Voir Gilles Barbedette, « In search of lost Proust », dans *Magazine Littéraire*, hors série n° 2, « Le siècle de Proust », 2000, p. 109. Cette critique choisit souvent de privilégier l'approche sociologique de l'œuvre, le tableau du monde fermé de l'aristocratie, la peinture du snobisme, les bons mots et la satire sociale qui font la drôlerie de tant de pages de la *Recherche*. Tout cela existe bien sûr, et cet humour, léger ou bien souvent féroce, préserve ces pages de l'aridité. Mais est-ce bien là le cœur même de l'œuvre ? Le narrateur lui-même le nie : « Malgré tout, bien différentes en cela de ce que j'avais pu ressentir devant les aubépines ou en goûtant à une madeleine, les histoires que j'avais entendues chez la duchesse m'étaient étrangères. Entrées un instant en moi, qui n'en étais que physiquement possédé, on aurait dit que (de nature sociale et non individuelle) elles étaient impatientes d'en sortir » (*C G*, II, p. 840).

peu semblables au Duc de Gramont qui, dit Proust dans une lettre à Daniel Halévy, faisant « signer sur un album ses invités, me le tendit et, se souvenant que son fils lui avait dit que "j'écrivais", me dit d'un air plein d'inquiétude et de supplication : "Votre nom, Monsieur Proust, mais pas de pensée"[1] ».

Il semble que bien des proustiens aient emboité le pas au Duc de Gramont, trouvant tout dans leur auteur, tout mais « pas de pensée », d'où la tendance à placer l'écrivain sous un haut patronage philosophique. Il y a certes, reconnait-on, une dimension philosophique dans la *Recherche*, mais comme la tradition universitaire tient, plus encore qu'à l'époque de Proust, à tenir séparées littérature et philosophie, il faut alors que cette dimension philosophique de l'œuvre de Proust soit empruntée, importée d'ailleurs. C'est ainsi que, très tôt, on a soutenu la thèse que la pensée proustienne ne serait que la philosophie de Bergson mise en roman. Or, contre une telle thèse, Proust a lui-même protesté avec la dernière vigueur. Philip Kolb rappelle que c'est Henri Ghéon qui, dans le compte-rendu qu'il écrivit de *Du côté de chez Swann*, a le premier opéré ce rapprochement entre Proust et Bergson[2]. Or, Proust tient tout de suite à mettre les choses au point dans une lettre à Henri Ghéon : « Les éloges et les blâmes que je reçois pour avoir "déclaré que je voulais faire passer dans un roman la philosophie de M. Bergson" me laisse aussi stupéfait que quelqu'un chez qui on apporte à la suite d'une farce vingt paquets qu'il n'a jamais commandés. Jamais je n'ai eu une idée pareille[3] ! ». Le critique Jacques Boulanger, peu avant la mort de Proust, rapprochera lui aussi les conceptions proustiennes de l'esthétique de Bergson. Proust lui répond : « J'ignore entièrement les vues bergsoniennes sur l'Art dont vous me parlez[4] ». Tout au plus fera-t-il une concession pour expliquer cette filiation intellectuelle supposée : son œuvre est sortie d'un « sens spécial » qui ressemble à « un télescope qui serait braqué sur le temps », et Proust ajoute : « C'est peut-être, à la réflexion, ce sens spécial qui m'a

1 *Corr.*, K, XVIII, p. 585. Lettre 341, mai ou juin 1908. L'anecdote est reprise dans *Le Côté de Guermantes*, II, p. 837-838.

2 *Corr.*, K, XXI, p. 164, note 4.

3 *Ibid.*, XIII, p. 39. Lettre 8, du 6 janvier 1914. Et à la même époque, dans une lettre à Gaston Pawlowski, Proust précise : « Je n'ai prononcé qu'une seule fois le nom de Bergson [...], ce fut pour dire que rien n'était moins "bergsonien" qu'un tel livre » (i. e. *Swann*). *Ibid.*, p. 54. Lettre 13, janvier 1914.

4 *Ibid.*, K, XX, p. 179. Lettre 89 du 12 avril 1921.

fait quelquefois rencontrer – puisqu'on le dit – Bergson, car il n'y a pas eu, pour autant que je peux m'en rendre compte, suggestion directe[1] ».

Si le cœur même de la pensée proustienne est bien la découverte de la mémoire involontaire, alors cette découverte-là, pour Proust, ne doit rien à la pensée bergsonienne : « La mémoire involontaire qui, selon moi, bien que Bergson ne fasse pas cette distinction, est la seule vraie[2]... ». Il est à noter, que vers la fin de sa vie, Proust renversera même la perspective en se posant comme, sinon inspirateur, du moins interlocuteur à part entière du philosophe : « Des hommes de la valeur de Bergson approfondissent mes livres[3] ».

Ces réserves, énoncées par Proust lui-même, ont amené les critiques à rechercher une autre assise philosophique pour l'œuvre proustienne. Anne Henry, par exemple, a avancé le nom de Schopenhauer. Il est incontestable que Proust connaissait *Le Monde comme volonté et comme représentation*, incontestable aussi qu'il reprendra à son compte bien des aspects de sa « Métaphysique de la musique ». Mais quand il l'évoque, c'est pour déclarer Reynaldo Hahn bien supérieur à Schopenhauer ! Lisons en effet la lettre d'août 1911 à Reynaldo Hahn, pour le remercier de l'envoi d'une Préface que ce dernier vient d'écrire en tête d'un ouvrage sur l'art : « Ce que vous dites à la fin est ce que je connais de plus beau dans aucun écrit sur l'art, et enfonce rudement [...] la Métaphysique de la musique de Schopenhauer[4] ». Bien sûr, il faut faire ici la part de la flatterie, comme lorsque Proust appelle une page de Montesquiou un « pendant plus profond de la théorie de Schopenhauer[5] ». Il n'en reste pas moins que la référence à Schopenhauer se fait souvent dans un contexte ironique : ainsi la Marquise Renée de Cambremer, présentée comme

1 *Ibid.*, XXI, p. 77. Lettre 44, à Camille Vettard, mars 1922.

2 *Ibid.*, XII, p. 295-296. Lettre 134, à René Blum, novembre 1913. « Cette distinction » désigne la distinction entre mémoire volontaire et mémoire involontaire. Bien sûr, Proust a lu Bergson, dont il était d'ailleurs le parent par alliance, mais il avoue en avril 1908 ne pas avoir lu encore *L'Évolution créatrice*, parue l'année précédente (voir *Corr.*, K, VIII, p. 106. Lettre 51 à G. de Lauris). Dans *Sodome et Gomorrhe*, Proust polémique contre Bergson, qui affirme que nous possédons tous nos souvenirs, sinon la faculté de nous les rappeler. Proust rétorque : « Mais qu'est-ce qu'un souvenir qu'on ne se rappelle pas ? » (III, 374).

3 *Corr.*, K, XX, p. 486. Lettre 284, à Sydney Schiff, 12 octobre 1921.

4 *Corr.*, K, X, p. 333. Lettre 165. Kolb renvoie en note au Supplément du Livre III, 39, du *Monde comme volonté et représentation*. Voir aussi *T R*, IV, p. 569.

5 *Ibid.*, K, VI, p. 353. Lettre de mars 1904 (?).

une pédante, est « une personne malgré tout remarquable, connaissant à fond Schopenhauer[1] ». Ce « malgré tout » assassin n'insinue-t-il pas que Schopenhauer lui-même est quelque peu responsable de l'ennui que distille la Marquise ? On trouvera encore un exemple de léger persiflage dans une boutade de Swann : « Ce que la musique montre – du moins à moi – ce n'est pas du tout la "Volonté en soi" et la "synthèse de l'infini" mais, par exemple, le père Verdurin en redingote dans le Palmarium du jardin d'Acclimatation[2] ». Mais la référence à Schopenhauer peut intervenir dans un contexte tout à fait sérieux et venir tout naturellement sous la plume de Proust. Il écrit ainsi à Emmanuel Berl : « Vous parlez de ces rapports humains où la barrière individuelle s'abaisse. Schopenhauer prétendait que ce miracle est l'œuvre de la Pitié[3] ».

Même si nous ne pensons pas qu'un grand philosophe, disons « professionnel », se tienne derrière l'inspiration philosophique de la *Recherche* et suffise à l'expliquer, nous ne voulons pas dire par là que la pensée de Proust serait née toute armée de son génie propre. Il serait bien le seul d'ailleurs dans ce cas puisque même Descartes, qui a pourtant prétendu comme le soulignait Huet reprendre la philosophie à partir de zéro, ne peut se comprendre vraiment si l'on ignore tout de ses sources médiévales. La philosophie dialogue avec son histoire, et l'originalité proustienne s'est enracinée dans une formation scolaire et universitaire large, précise et passionnée. À cette formation, Luc Fraisse vient de consacrer un travail monumental, quasiment exhaustif, innovant sur bien des points essentiels, intitulé *L'Éclectisme philosophique de Marcel Proust*[4]. Nous ne prétendons pas résumer ici ce riche ouvrage de 1 332 pages, qui fourmille d'aperçus nouveaux, de sources inédites et de rapprochements éclairants, souvent textuels, entre les lectures de Proust et certaines expressions, ou analyses, de la *Recherche*. Disons simplement que Luc Fraisse parvient à dessiner plus nettement que jadis l'influence de Darlu sur le jeune Marcel à partir des notes de ses cours conservées par certains de ses élèves. Il examine

---

1 *T R*, IV, p. 318. Voir aussi p. 569.

2 *J F F*, I, p. 524.

3 *Corr.*, K, XV, p. 27. Lettre 3, de 1916. Voir un texte parallèle dans une lettre à Mme de Noailles du 18 juin 1905 : « la sympathie, comme a dit Schopenhauer, abat les barrières artificielles qu'il y a entre les individus et réalise l'unité du monde » (K, V, p. 223. Lettre 114). Ajoutons qu'une expression typiquement schopenhauerienne est prononcée à propos d'Albertine et « son obscure et incessante volonté », mais sans intention doctrinale, dans *J F F*, II, 152.

4 Paris, PUPS, « Lettres françaises », 2013.

aussi de près le contenu du manuel d'Elie Rabier, « un disciple de Maine de Biran[1] », deux volumes pratiqués par Proust ; il révèle encore toute l'importance de la volumineuse *Histoire de la Philosophie. Les problèmes et les écoles*, de P. Janet et G. Séailles[2] dans la préparation de Proust à la Licence en Sorbonne. Luc Fraisse relève enfin, avec une grande minutie, les traces qu'ont pu laisser dans les textes de Proust les thèses de grands systèmes comme ceux de Leibniz et de Kant, la théorie artistique de Séailles, l'affrontement entre la psycho-physiologie de Ribot et les philosophies du sujet, etc. Le concept chargé d'effectuer la synthèse de ces connaissances livresques dans l'esprit de Proust est celui d'*éclectisme*. Ce concept ne recouvre pas, notons-le bien, une sorte d'habit d'Arlequin mais, comme son nom l'indique, un *choix* de matériaux de pensée empruntés au passé, et qui entrent dans la synthèse nouvelle qu'élabore toute réflexion originale. Nous ajouterons en ce sens que Proust ne se distingue pas des autres penseurs : même les plus grands, comme Aristote, forment leur vision propre par la confrontation avec les doctrines de leurs prédécesseurs, et par leur assimilation[3]. Le danger que pourrait présenter cette notion d'éclectisme serait pourtant de ne pas insister sur l'originalité de la pensée proustienne en la rattachant à la mouvance cousinienne. Mais il faut souligner que Luc Fraisse ne prétend pas (et nous le suivons tout à fait) que les formulations parfois poussives des manuels contiennent déjà, *in nuce*, les splendides analyses, le relief et l'exaltation spirituelle de *Swann* ou des *Jeunes filles en fleurs*, pour ne rien dire du *Temps retrouvé*. Par là nous comprenons pourquoi Proust a finalement choisi la forme du roman : elle permettait la poésie et la métaphore, elle insufflait à tout ce matériel scolaire ce qui lui manque parfois, à savoir la *vie*.

Bien entendu Proust a eu intérêt, artistiquement parlant, à cacher les sources auxquelles il a repris telle ou telle idée ou inspiration puisque, selon sa remarque si souvent citée, « une œuvre où il y a des théories est comme un objet sur lequel on laisse la marque du prix[4] ». Mais si l'on peut effectivement pointer un certain nombre d'œuvres philosophiques, ou littéraires, qui ont joué un rôle important dans la formation de la pensée proustienne, cela ne signifie pas qu'il aurait mis en roman une

1 *Op. cit.*, p. 124.

2 Paris, Charles Delagrave, 1887.

3 Luc Fraisse rappelle en ce sens avec justesse : « Non, le cycle romanesque ne se trouve pas dans les *Leçons de Philosophie* d'Élie Rabier ». *Op. cit.*, p. 59.

4 *T R*, IV, p. 461.

pensée déjà toute faite et étrangère à lui. Il a suivi le chemin, répétons-le, de tous les autres penseurs avant lui qui ont élaboré leur doctrine en y incorporant bien des éléments dont la provenance est à chercher dans les théories de leurs prédécesseurs ou de leurs contemporains. Françoise aurait dit de son maître qu'il n'était pas un « copiateur[1] ». Cela nous invite à chercher l'originalité de la pensée proustienne, non pas dans, mais à travers les éléments culturels qui ont présidé à la constitution de celles-ci[2].

Il faut souligner d'ailleurs que ces éléments culturels philosophiques sont en général, chez Proust, d'une étonnante sûreté. Nous nous contenterons, pour le montrer, d'un seul exemple, celui d'une référence à l'œuvre d'Aristote, telle qu'on la relève dans *Lettres de Perse et d'ailleurs. Les comédiens de Salon*, où Proust écrit : « Car ma petite élève sait que tout change très peu, elle qui connaît mieux qu'un vieux savant la page d'Aristote où, pour montrer que l'homme ne peut éprouver à la fois des plaisirs d'ordre différent, il donne cet exemple : "C'est quand la pièce est mauvaise, quand l'intérêt languit, que l'on commence à manger des bonbons dans les loges"[3] ».

Or la note de l'édition P. Clarac et Y. Sandre afférente à ce passage déclare, à propos de la page d'Aristote qui y est invoquée : « Page aussi imaginaire que le "chapitre des chapeaux" d'Hippocrate[4] ». Mais c'est bien à tort que Proust se trouve ici morigéné, puisque la page invoquée par lui est on ne peut plus réelle. On la trouve dans l'*Éthique à Nicomaque*, X, 5, 1175 b 12 *sqq.*, et l'on peut rendre ainsi, plus précisément que ne le fait Proust, le passage visé du texte grec : « Ceux qui grignotent des friandises au théâtre, c'est lorsque les acteurs sont mauvais qu'alors ils le font surtout ».

Il existe chez Proust d'autres références précises à Aristote, à la *Métaphysique* par exemple[5] ou au *Phèdre* de Platon[6], et des renvois à des

1 *T R*, IV, p. 611.

2 Tout en gardant bien présent à l'esprit l'avertissement du *Contre Sainte-Beuve* : « En art il n'y a pas (au moins dans le sens scientifique) d'initiateur, de précurseur ». *Op. cit.*, p. 220.

3 *Essais et articles*, éd. P. Clarac et Y. Sandre. Paris, Gallimard, « Bibliothèque de la Pléiade », 1971, p. 429. Ce texte de Proust date de 1899.

4 *Ibid.*, p. 900, où se trouve la note 7 de la page 429.

5 *Corr.*, K, IV, p. 140. Lettre à Fernand Gregh du 4 juin 1904. Le cours auquel il est fait allusion dans cette lettre était peut-être celui de Victor Brochard.

6 *Essais et articles*, *op. cit.*, p. 389.

œuvres philosophiques classiques particulièrement ardues, comme la *Monadologie* de Leibniz[1], ou à des auteurs difficiles, comme Spinoza[2]. Ces auteurs, Proust les a étudiés avec Darlu peut-être, et sûrement avec ses maîtres de la Sorbonne, où Proust prépare et obtient la Licence de 1893 à 1895. C'est à la Sorbonne qu'il suivra, entre autres, les cours de Victor Brochard, Professeur de philosophie grecque antique qui apparaîtra, dans la *Recherche*, sous une forme passablement caricaturée, dans le personnage de Brichot[3].

Mais les connaissances en histoire de la philosophie ne suffisent pas pour élaborer une pensée. Qu'en est-il de la *Recherche* quant à ce qui caractérise éminemment une pensée philosophique, à savoir la construction rigoureuse de la démarche, et la volonté de prouver ? Il faut souligner tout d'abord la déception, et même la colère, de Proust devant les réactions des critiques après la publication de ses premiers romans. Ils n'y ont vu qu'une simple collection de souvenirs, des évocations d'esthète, des anecdotes plus ou moins futiles recueillies par un dilettante mondain, le tout présenté sans plan apparent, avec une armature vaguement picaresque… – Mais écoutons Proust lui-même faire état de sa déconvenue devant ce contresens majeur, que les refus du manuscrit de *Swann* par plusieurs grands éditeurs parisiens pouvaient d'ailleurs laisser prévoir. Il demande à René Blum qu'il présente son *Swann* à Grasset, en déclarant que cet ouvrage est « un tout très composé, quoique d'une composition si complexe que je crains que

---

1 *Corr.*, K, IX, p. 72. Lettre 35, à M. Duplay, avril 1909. Leibniz est cité aussi dans *Le Côté de Guermantes*, II, p. 769.

2 *Corr.*, K, XVI. Lettre 136 ; XXI. Lettre 253. Il y a une allusion à la doctrine cartésienne de la création continuée dans *T R*, IV, p. 375. La note de l'édition La Pléiade à ce passage n'indique pas l'origine cartésienne de cette théorie, importante pour l'expérience proustienne de la discontinuité.

3 Voir *T R*, IV, p. 358, où M. de Charlus déclare : « …un partisan aveugle de l'Antiquité comme Brichot… » ; c'est une allusion à la quasi-cécité de Brochard. Dans *Swann*, le narrateur parle à propos de Brichot de « scepticisme » (I, 247). Or, un livre de Victor Brochard, paru en 1887, a pour titre : *Les Sceptiques grecs* (2° éd., Paris, Vrin, 1932). C'est un excellent ouvrage, demeuré classique sur le sujet. Rappelons que dans les *Esquisses*, Brichot est nommé Crochard ; voir aussi la note p. 1491 du IIIe volume de l'éd. Tadié, qui rappelle que Victor Brochard fréquentait le salon de Madame Aubernon de Nerville (cela est confirmé par l'ouvrage classique de Jeanne Pouquet, *Le salon de Madame Arman de Caillavet*, Paris, Hachette, 1926, p. 9). En ce qui concerne les Cours suivis par Proust en Sorbonne, voir Julia Kristeva, *Le Temps sensible. Proust et l'expérience littéraire*, Paris, Gallimard, 1994, p. 449 et p. 462.

personne ne le perçoive et qu'il apparaisse comme une suite de digressions. C'est tout le contraire[1] ». Position réaffirmée avec force dans une lettre à Jacques Copeau : « L'attitude d'un dilettante qui se contente de s'enchanter du souvenir des choses est le *contraire* de la mienne[2] ». Et Proust ira même jusqu'à affirmer à Daniel Halévy : « Swann est une démonstration[3] ». La simple séquence diachronique peut convenir à des « Mémoires », à une « Histoire de ma vie » ; anecdotiques, ces récits au jour le jour n'ont rien à voir avec une recherche de la vérité, laquelle est la motivation profonde de l'œuvre proustienne[4]. Son titre même, *À la recherche du temps perdu*, tant qu'il n'est pas équilibré par celui du dernier roman, ne laisse pas apparaître la finalité de l'entreprise, et donc ne permet pas d'en saisir la signification. Proust le souligne dans une lettre à Jean Ajalbert : « Ce titre, tant qu'il ne sera pas expliqué par le dernier volume, *Le Temps retrouvé*, perpétue le malentendu entre moi et mes lecteurs, même les plus éminents, qui croient à un déroulement de souvenirs, à quelque chose d'assez voisin des "Mémoires"[5] ». *Mémoires* ou *Souvenirs d'enfance*, écrit Proust à Montesquiou, cela revient au même, et substitue un déroulement linéaire et hasardeux à son texte « si composé et concentrique[6] ». Bien sûr, il y a des souvenirs d'enfance dans *Swann*, mais ceux-ci « ne jouent presque que le rôle d'exemples dans ma théorie de la mémoire[7] ». Le contresens dont nous parlons est encore favorisé par le titre de la première traduction anglaise : *Remembrance of the things past*[8]. Proust proteste : « Souvenirs des choses passées. Cela détruit le titre[9] ».

Une autre source du malentendu que Proust repère entre ses premiers lecteurs et lui est assurément l'idée que l'auteur de *Swann* travaille dans le minutieux, le minuscule, dans le détail en un mot. Son art le plus propre serait sa capacité de voir au microscope les réalités qu'il analyse, qu'elles soient évocations de la nature ou bien sentiments. Il serait l'analyste de

1 *Corr.*, K, XII, p. 82. Lettre 26, du 20 février 1913.
2 *Ibid.*, p. 179. Lettre 80, du 22 mai 1913.
3 *Ibid.*, XIV, p. 350. Lettre 172, du 6 février 1914.
4 *Ibid.*, XII, p. 99. Lettre 43 : « c'était à la recherche de la Vérité que je partais ».
5 *Ibid.*, XXI, p. 676. Lettre 507, décembre 1919.
6 *Ibid.*, XI, p. 90. Lettre 44, avril 1912.
7 *Ibid.*, XIX, p. 726. Lettre 398 à Gaston Gallimard, mars 1916.
8 De C. T. Scott Moncrieff. Il n'est d'ailleurs pas surprenant que cette expression ne traduise pas exactement le titre proustien, puisqu'elle est empruntée à Shakespeare, Sonnet XXX, vers 2.
9 *Corr.*, K, XXI, p. 476. Lettre 322, à G. Gallimard, 14 septembre 1922.

l'imperceptible, dont le talent tout en finesse ferait, comme on l'a dit de Marivaux, « des lieues sur une lame de parquet ». Il est vrai que Proust est un prodigieux analyste, mais il tient à se distinguer de ce qu'il nomme le « vérisme[1] », dans lequel il reproche à Paul Morand de tomber. Proust ne recherche pas le petit fait vrai pour lui-même, mais il cherche ce qu'il appelle « l'impression véritable », et dont nous verrons toute l'importance. Foin du naturalisme, dont la littérature précisément doit se libérer, lequel se complaît dans l'indigence de ce que Proust nomme la « notation ». Il ne s'agit donc pas, comme Morand s'est laissé aller à le faire dans *Lampes à arc*[2], « de noter avec les yeux seulement, sans *impression* véritable, les boutons à pression des dames, etc. [...]. Cher ami, vous êtes trop l'intelligence même pour ne pas savoir que cela est de la simple notation[3] ». Et si l'on trouve malgré tout dans le texte proustien des détails descriptifs c'est, confesse Proust, « dans les parties que je n'aime pas[4] ». Et que l'on n'aille pas croire que l'analyse de la célèbre madeleine dans la tasse de thé n'est que le sertissage d'une impression rare et ténue ; si elle est difficile à saisir, c'est parce qu'elle est profonde et qu'elle fut recouverte par l'écume des jours :

> C'est une chose imperceptible si vous voulez que cette saveur de thé que je ne reconnais pas d'abord et dans laquelle je retrouve les jardins de Combray. Mais ce n'est nullement un détail minutieusement observé, *c'est toute une théorie de la mémoire et de la connaissance* (du moins c'est mon ambition), non promulguée directement en termes logiques[5].

Ainsi donc, selon la remarque souvent reprise par Proust, on doit lire la *Recherche* non pas au microscope, mais au télescope[6]. Ce qui signifie qu'il faut, lorsqu'on en commence la lecture, voir loin, c'est-à-dire avoir en vue la fin de l'ouvrage, qui d'ailleurs a été écrite très tôt, tout de suite après *Swann*, affirme Proust[7]. C'est cette fin, avec ses aperçus théoriques et philosophiques[8], qui donnera la clé et le sens de l'immense parcours que le

1 Le mot est employé dans une lettre à Henry Bordeaux : « Mon respect scrupuleux pour la vérité de l'impression n'a rien du vérisme ». *Corr.*, K, XII, p. 142. Lettre 63, du 16 avril 1913.
2 Paul Morand, *Poèmes*, Paris, Gallimard, 1913.
3 *Corr.*, K, XVIII, p. 423. Lettre 242, à Paul Morand, octobre 1919.
4 *Ibid.*, K, XII, p. 230. Lettre 103, à Louis de Robert, juillet 1913.
5 *Ibid.*, K, XII, p. 231. Lettre 103, à Louis de Robert, juillet 1913. Nous soulignons.
6 Voir *T R*, IV, p. 618.
7 *Corr.*, K, XVIII, p. 365. Lettre 202, à Denys Amiel, 5 août 1919.
8 Dans une lettre à Robert Dreyfus, Proust dit sans ambages : « ...ma philosophie esthétique ». *Corr.*, K, VIII, p. 123. Lettre 60, du 16 mai 1908.

lecteur vient de faire : « Quand on aura fini le livre on verra (je le voudrais) que tout le roman n'est que la mise en œuvre des principes d'art émis dans cette dernière partie, sorte de préface si vous voulez mise à la fin[1] ».

Cette fin chronologique est en même temps finalité, c'est-à-dire fin au sens téléologique, dans la mesure où c'est la fin de l'œuvre qui donne à l'œuvre entière sa direction, son éclairage, sa signification profonde et, partant, sa vérité. Tant que *Le Temps retrouvé* n'aura pas été publié, seul un lecteur particulièrement perspicace, comme Jacques Rivière, pourra deviner toute la portée de l'entreprise, qui n'a rien de frivole et d'improvisé : « Enfin, je trouve un lecteur qui *devine* que mon livre est un ouvrage dogmatique et une construction[2] ! ».

Cette construction se manifeste essentiellement par la structure circulaire de l'œuvre[3], indéniable puisque « à la première page du premier volume se superpose la dernière phrase du dernier volume[4] ». Le cercle est le symbole même de l'achèvement ; il introduit un temps *prophétique*, un temps où l'événement qui n'est pas encore advenu se trouve en quelque sorte comme déjà produit. La *Recherche* se prophétise elle-même ; c'est-à-dire que son ouverture commence à son dernier mot ; au début de la lecture tout est déjà joué puisque, comme le notait Héraclite, c'est chose commune que début et fin sur le pourtour du cercle[5]. Ce parcours clos sur soi d'un temps circulaire est voulu ; il est, aux yeux de Proust, l'expression de la construction parfaite de son roman, construction toute grecque où le temps, « le temps incolore et insaisissable[6] » se sublime en éternité.

Construction orientée porteuse de finalité interne, telle apparaît la *Recherche*, que Proust dans un passage célèbre hésite à comparer à une cathédrale, et compare plus simplement à une robe[7]. Pourquoi ? Sans

1 *Ibid.*, K, IX, p. 156. Lettre 78 à Alfred Valette, août 1909.

2 *Ibid.*, K, XIII, p. 98. Lettre 43 à Jacques Rivière, 6 février 1914.

3 Voir K, XXI, p. 41. Lettre 16 à Benjamin Crémieux, janvier 1922 : « On méconnaît trop en effet que mes livres sont une construction, mais à ouverture de compas assez étendue pour que la composition *rigoureuse* et à qui j'ai tout sacrifié soit assez longue à discerner. On ne pourra le nier quand la dernière page du *Temps retrouvé* (écrite avant le reste du livre) se refermera exactement sur la première de *Swann* ».

4 *Ibid.*, K, XVIII, p. 365. Lettre à Denys Amiel ; 5 août 1919.

5 Fragment B 103 DK (numérotation Hermann Diels et Walther Kranz).

6 *T R*, IV, p. 608.

7 *T R*, IV, p. 610. On lira à ce sujet le livre de Luc Fraisse, *L'Œuvre cathédrale. Proust et l'architecture médiévale.* Paris, Corti, 1990 ; rééd. Paris, Classiques Garnier, « Bibliothèque proustienne », 2014.

doute parce que la cathédrale peut avoir telle ou telle dimension, telle ou telle forme, selon le plan de l'architecte, alors que le patron de la robe doit être taillé au plus près du corps sur lequel il s'ajuste, et doit se soumettre à lui. Ainsi la pensée vraie doit-elle se soumettre à son objet, et la littérature se soumettre aux « impressions vraiment esthétiques[1] » venues des profondeurs, celles-là mêmes qui laissent deviner « cette grande ossature inconsciente que recouvre l'assemblage voulu des idées[2] ». On peut aller jusqu'à dire que les sinuosités de la phrase proustienne, cette obstination dans l'analyse propre à sa manière, sont semblables aux multiples essayages que le couturier impose au mannequin, déplaçant et replaçant les épingles, effaçant un pli afin que le pan de la robe tombe droit. Ces essayages se rapprochent des tâtonnements conceptuels de la pensée face à ce qu'elle doit dire pour exprimer son intuition centrale, sa vérité, celle de « l'homme intérieur[3] ». On pense au cri de Proust, dans une lettre à Paul Morand : « Il n'y a que la Vérité[4] ». La vérité ? C'est donc bien de philosophie qu'il s'agit ! Nous n'en voulons pour dernière preuve que l'affirmation de Proust lui-même parlant de la *Recherche* pour la nommer « une œuvre qui est certainement la dernière que j'écrirai et où j'ai tâché de faire *tenir toute ma philosophie*[5] ».

1 *T R*, IV, p. 497.
2 *Essais et articles*, *op. cit.*, p. 611.
3 *Ibid.*
4 *Corr.*, K, XVIII, p. 423. Lettre 242, octobre 1919.
5 *Ibid.*, K, XI, p. 256. Lettre 135, à Eugène Fasquelle, 28 octobre 1912. Nous soulignons. Voir aussi XIX, p. 758, où Proust écrit, le 6 novembre 1916, à Gaston Gallimard : « Le dernier volume [*Le Temps retrouvé*] n'a rien que de pur et de philosophique ».

LA MORT ET LA RÉSURRECTION

La vie entière de Proust, tout comme son œuvre, fut hantée par le *pathos* de la temporalité. Or, « le temps est en soi plutôt cause de destruction », disait Aristote[1], et le temps propre à l'homme introduit une souffrance, un *pathos*, parce que le temps dépouille. On dit d'une lettre perdue qu'elle est « en souffrance » ; le temps perdu est lui aussi en souffrance, et pour faire cesser cette souffrance, il faut retrouver le temps qui est resté derrière nous, tout comme on retrouve la lettre perdue.

Il était un autre moyen de faire cesser la souffrance, celui sur lequel comptait, à l'aube de l'hellénisme, le poète Hésiode, pour qui paradoxalement Mémoire enfante les Muses pour être « l'oubli des maux[2] ». Celui qui écoute le chant d'un servant des Muses, « vite, il oublie ses déplaisirs ; de ses chagrins il ne se souvient plus[3]. »

– Mais Proust est bien loin d'être un oublieux ; il a bien plutôt souffert d'une hypertrophie de la mémoire : « Je n'ai pas la faculté d'oublier, ça ne facilite pas la vie », écrit-il dans une lettre[4]. Le souvenir préserve, dans une certaine mesure, de l'insupportable chute de l'être dans le néant. Si le temps est celui qui efface le tableau, la mémoire, elle, écrit à « l'encre et son odeur de temps » pour sauver au moins la trace de tout ce qu'il nous arrache. Dès *Jean Santeuil*, Proust révèle déjà ce qui mettra en branle toute la *Recherche*, la constatation révoltante que tout ce que nous vivons, tout ce à quoi nous tenons, bientôt sera *comme si cela n'avait pas été* : « Il aurait voulu embrasser sur les joues de sa mère les

1 *Physique*, IV, 12, 221 b 1-2.

2 *Théogonie*, v. 55 ; tr. P. Mazon, Paris, Les Belles-Lettres, p. 34.

3 *Ibid.*, v. 102-103, p. 35. Voir sur ce point Michèle Simondon, *La Mémoire et l'oubli dans la pensée grecque*, Paris, Les Belles-Lettres, 1982, p. 128.

4 *Correspondance*, t. XXI, Lettre 500, à la Comtesse de Martel, mars 1916, p. 668. Proust citera encore, vers la fin de sa vie, dans une lettre à François Mauriac, un mot de Chateaubriand, dans *La vie de Rancé* : « Rompre avec les choses réelles n'est rien. Mais avec les souvenirs ! » (*ibid.*, K, XX, p. 367. Lettre 209, 25 juin 1921). On trouvera la référence au texte de Chateaubriand dans l'éd. du Club français du Livre, 1969, Livre II, p. 91.

restes de sa jeunesse et de son bonheur, retenir avec ses baisers pendant des heures les instants qui passaient, la vie qui s'écoulait, la beauté qui se flétrissait, les espoirs qui s'enfuyaient, l'existence enfin de la personne par rapport à qui il concevait tout et qui un jour serait anéantie à tout jamais, sans qu'il pût jamais la retrouver, sans que rien d'elle ne subsistât comme si elle n'avait jamais été[1] ».

La mémoire est donc évoquée comme le seul recours salvateur contre l'anéantissement : où les êtres sont-ils passés ? Dans le passé, précisément. Néanmoins, ce passé n'est que le domaine des ombres sans consistance ; c'est pourquoi la mémoire est tenue généralement pour une *faculté triste*, une faculté qui par essence pose sur ses objets une touche sombre, celle de la privation et de l'absence. Anaxagore prétendait que toute sensation est douleur ; ne pourrait-on pas dire avec plus de raison encore que tout souvenir est douleur, que toute mémoire travaille dans le lieu de la peine et du regret ? Voilà pourquoi sans doute Proust écrivait à sa mère que « le travail littéraire fait un perpétuel appel à ces sentiments qui sont liés à la souffrance[2] ». Et si l'on se souvient parfois avec plaisir des douleurs passées, c'est précisément parce que ces douleurs sont saisies, avant toute réflexion, comme absentes. Car le souvenir ordinaire pose son contenu comme absent, comme situé dans un lieu inaccessible et nécessairement dérobé. Le passé ne se manifeste à moi qu'en image, c'est-à-dire en représentation et non en réalité. L'événement passé, du fait même qu'il est ressenti comme passé, m'est soustrait ; de ce point de vue, la mémoire est un domaine de fantômes et de spectres, un vaste cimetière.

Cette mémoire ordinaire, purement intellectuelle, celle des souvenirs décolorés, nous montre qu'au fond du *pathos* de la temporalité il y a la disparition, c'est-à-dire en fin de compte la mort. La mémoire volontaire laisse se dessécher et mourir ce qu'une vraie mémoire a pour mission de sauver, a la possibilité de sauver puisque – et c'est là un grand axiome proustien – « toutes les choses de la vie qui ont existé une fois tendent à se recréer[3] ». Malheureusement, dans la plupart des cas, elles y tendent en vain, et la conscience du temps se fait aiguë dans l'expérience de l'anéantissement et de la mort.

1 Éd. citée, p. 420.

2 *Corr.*, K, III, p. 109. Lettre 54, du 10 août 1902.

3 *Swann*, I, p. 358. Texte parallèle dans *J J F*, II, p. 178 : « Toutes choses tendent à durer ». Et encore : « ...la tendance de tout ce qui existe à se prolonger » (II, p. 611). On pense ici au *conatus* spinoziste ; nous y reviendrons.

Le thème de la mort est obsédant chez Proust, et doit d'autant plus retenir notre attention que le narrateur, dans les dernières pages si pathétiques du *Temps Retrouvé*, s'écrie : « Cette idée de la mort s'installa définitivement en moi [...]. Non que j'aimasse la mort, je la détestais[1] ».

Pourquoi y a-t-il quelque chose plutôt que rien ? À cette question de Leibniz Proust substitue une autre question, tout aussi radicale : pourquoi y a-t-il du temps ? Du temps, c'est-à-dire ni rien ni quelque chose, un maître absolu qui est un maître invisible. Ne serait-il pas en fin de compte, dans la vie, cette ombre de la mort qui n'est rien d'assignable, mais qui doit bien avoir quelque réalité, puisque, à la fin, elle tue[2] ? Le temps dans la vie c'est donc, de plus en plus insistante, tenace, appuyée encore qu'évasive, l'*altération*, ce fait de devenir autre que Proust dramatise en l'appelant « mourir ». Ce point a été fortement, et justement, souligné par Georges Poulet : « Car la mort, pour Proust, ce n'est pas simplement de n'être plus, c'est d'être *autre*[3] ». Si le cours du temps fait de moi-même un moi-autre, un moi-non même c'est parce que ce je qui est un autre est fait de morts successives[4], de morts bien des fois répétées. C'est pourquoi il ne faut pas craindre la mort, « car je comprenais que mourir n'était pas quelque chose de nouveau, mais qu'au contraire depuis mon enfance j'étais déjà mort bien des fois[5] ». Comment faut-il comprendre au juste cette thèse des « morts successives » ? Elle ne peut se réduire à cette banalité, orchestrée par Sénèque, selon laquelle la mort s'insinue dans la vie tout simplement parce que nous vieillissons, parce que nous subissons l'usure du temps et de ses heures, dont les premières blessent, et la dernière tue. « Nous mourons chaque jour (*quotidie morimur*) écrit Sénèque à Lucilius, chaque jour nous enlève une partie de notre existence, et plus nos années s'accroissent, plus notre vie décroît[6] ».

1 *T R*, I, p. 619. On voit par là qu'il n'y a chez Proust aucune *libido moriendi*, pour reprendre une expression de Sénèque (*Lettres à Lucilius*, XXIV).

2 Voir lettre à G. de Lauris, où Proust parle d'un article de M. Maeterlinck sur la mort et dit de celle-ci : « Elle se manifeste d'une façon terriblement positive », contrairement à la conception de Maeterlinck qui considère la mort comme simplement négative (*Corr.*, K, X, p. 338. Lettre 166, août 1911).

3 *Études sur le temps humain*, Paris, Plon, 1950, p. 370. Voir aussi, *ibid.* : « La mort, c'est d'être différent de soi-même ».

4 L'expression de « morts successives » est de Proust lui-même (*T R*, I, p. 615). Cette mort au jour le jour est affirmée encore dans *Albertine disparue* (IV, p. 66) : « La mort de soi-même se consomme à notre insu, au besoin contre notre gré, chaque jour ».

5 *T R*, I, p. 615.

6 Lettre XXIV, à Lucilius.

La thèse proustienne des « morts successives » implique au contraire une conception originale de l'ego, celle d'un *moi feuilleté* dont les strates se superposent sans se compénétrer : « J'avais bien considéré toujours notre individu [...] comme une suite de moi juxtaposés mais distincts qui mourraient les uns après les autres[1] ».

Ce que nous appelons le moi singulier est en réalité pluriel[2] ; sa multiplicité vient du fait que chaque strate de moi est datée, non pas avec la précision du calendrier, mais par l'atmosphère qui était celle de notre vie à cette saison-là, et qui meurt parce qu'elle cède la place à une autre à la saison nouvelle. « Notre moi, écrit le narrateur de la *Recherche*, est fait de la superposition de nos états successifs[3] ». Cette conception était présente dès *Jean Santeuil*, où l'auteur parle des « époques de notre cœur[4] ». C'est pourquoi le temps proustien est *vertical*, comme nous l'enseigne la belle métaphore des échasses sur lesquelles chaque vivant est juché, échasses qui grandissent avec le temps et finissent par se rompre une fois devenues trop longues et frêles[5]. Dans un temps vertical, les moments s'empilent et se recouvrent, et les premiers s'abîment et disparaissent ; en quelque sorte, ils coulent à pic et meurent. L'individu alors garde au fond de lui-même ses multiples moi défunts ; comme le Grand Être de l'Humanité d'Auguste Comte, il est fait de plus de morts que de vivants[6]. Le temps

1 *T R*, IV, p. 516. Cette doctrine repose sur la conception d'un temps discontinu, qui était celle de Descartes, à tel point qu'il fallait une création continuée du Créateur pour assurer la pérennité du monde. Proust évoque cette conception cartésienne dans *Albertine disparue* : « La création du monde n'a pas eu lieu au début, elle a lieu tous les jours » (IV, p. 248). C'est pourquoi il faut bien prendre garde avant de s'engager pour la vie entière : « Ce n'est jamais qu'à cause d'un état d'esprit qui n'est pas destiné à durer qu'on prend des résolutions définitives » (*J F F*, I, p. 568).

2 *A D*, IV, p. 110 : « Chacun de nous n'est pas un, mais contient de nombreuses personnes ».

3 *A D*, IV, p. 125.

4 *Op. cit.*, p. 820.

5 *T R*, IV, p. 625. Voir aussi p. 624 : « Je venais de comprendre pourquoi le duc de Guermantes, dont j'avais admiré en le regardant assis sur une chaise combien il avait peu vieilli, bien qu'il eût tellement plus d'années que moi *au-dessous de lui...* ». (Nous soulignons). C'est ce qui rend la démarche du vieillard si incertaine, puisqu'il doit « les traîner avec lui quand il se déplace » (p. 623).

6 Il ne s'agit ici de notre part que d'un rapprochement purement ponctuel, Proust n'ayant pas par ailleurs une haute idée du fondateur du positivisme. On s'en persuadera en lisant par exemple une lettre à Mme de Noailles, où Proust condamne ceux qui auraient l'idée de « s'abrutir dans une *religion à rebours* comme Comte » (*Corr.*, K, IV, p. 38. Lettre 10 du 15 janvier 1904). Malgré tout, le narrateur cite la formule d'Auguste Comte à propos du petit clan Verdurin : « Il se composait de plus de morts que de vivants » (*S G.*, III, p. 288).

est dès lors à proprement parler mortifère : ou il abolit le passé, ou il n'en laisse que des souvenirs sans vie. Cette mort au quotidien explique à son tour les variations du moi : si le narrateur finit par se consoler de la mort d'Albertine, ce n'est pas par inconstance, c'est parce que le moi qui aimait Albertine a fait place à un autre moi qui ne l'a pas connue et, partant, pas aimée. Une lettre de Proust à Reynaldo Hahn exprime cette idée d'une façon saisissante : « Ce n'est pas parce que les autres sont morts que le chagrin diminue, mais parce qu'on meurt soi-même[1] ». Notation reprise presque textuellement dans *Albertine disparue* : « Ce n'est pas parce que les autres sont morts que notre affection pour eux s'affaiblit, c'est parce que nous mourons nous-mêmes[2] ».

Les interstices qui séparent les couches de ce que nous avons nommé le moi feuilleté se retrouvent à l'intérieur du moi présent, et brisent son unité. Nous parlons de nous au singulier, mais le « même » du moi-même n'est après tout qu'un effet de langage peut-être. De même que dans certains quartiers de Babylone on ignorait encore que la ville était investie, de même, note le narrateur, « à chaque instant il y avait quelqu'un des innombrables et humbles "moi" qui nous composent qui était ignorant encore du départ d'Albertine et à qui il fallait le notifier[3] ». Si bien que, « pour être exact, je devrais donner un nom différent à chacun des moi qui dans la suite pensa à Albertine ; je devrais plus encore donner un nom différent à chacune de ces Albertine qui apparaissaient devant moi, jamais la même[4] ».

L'origine de cette conception d'un moi multiple et foisonnant, dont les éléments dans une certaine mesure s'ignorent, est incontestablement l'empirisme anglais, celui d'un Hume par exemple pour qui le sujet psychologique n'est qu'un « fagot » (*bundle*), un faisceau de sensations qui engendrent des idées régies par les lois de l'association. C'est dans cette perspective que le narrateur peut déclarer : « Je n'étais pas un seul homme, mais le défilé d'une armée composite[5] ». Bien

1 *Corr.*, K, XIV, p. 358. Lettre 176 du 24 octobre 1914.

2 *A D*, IV, p. 175. Un autre texte d'*Albertine disparue* explique ce fait par un appel à la disparition au jour le jour dont nous parlons : « Ce n'était pas Albertine seule qui n'était qu'une succession de moments, c'était aussi moi-même » (IV, p. 71). Même idée, plus sèchement exprimée encore : « Maintenant, j'étais détaché d'eux. D'eux, c'est-à-dire de moi » (*S G*, III, p. 253).

3 *A D*, IV, p. 14.

4 *J F F*, II, p. 299.

5 *Ibid.*, IV, p. 71. Cette discontinuité menace l'être même du moi et explique ainsi l'analyse précédente de la mort au jour le jour : « Grande faiblesse sans doute, pour un être, de

entendu, cette conception empiriste du moi, comme nous le verrons, n'est chez Proust qu'un moment de sa réflexion ; elle pousse en effet à l'éclatement de la subjectivité, et cet éclatement n'est certainement pas le but visé par le narrateur : « La crainte de n'être plus moi m'avait fait jadis horreur[1] ».

Moi composite, moi feuilleté, tout est en place pour assurer le soubassement de la grande pensée des intermittences du cœur, qui inspirera à Proust ses pages sans doute les plus déchirantes. L'intermittence est un axiome de la pensée proustienne, à tel point qu'il présente ainsi à un éditeur potentiel le plan de son œuvre : I. *Le Temps perdu.* II. *Le Temps retrouvé*, et, comme titre général coiffant ces deux parties : *Les Intermittences du cœur*[2]. Proust donne une portée générale à ce qui, après tout, pourrait ne caractériser que son idiosyncrasie. *À l'ombre des jeunes filles en fleurs* parle en effet de « cette âme humaine dont une des lois [...] est l'intermittence[3] ».

On voit que ce qui est à l'œuvre dans tous les thèmes que nous venons d'évoquer, c'est le principe de la *discontinuité*. Si le temps était, ontologiquement et dans le vécu humain, un continu, comme chez Aristote par exemple, le moi ne se sentirait pas scindé ni dispersé ; il n'aurait pas en lui la mort. Chez Aristote, l'homme meurt parce qu'il est *dans* le temps ; le temps le déborde et l'excède et par suite le limite et le borne. Chez Proust, c'est le temps qui est en l'homme, et puisque le temps est discontinu, il introduit dans chaque moi la fissure et le pointillé qui en interrompent la trame. Chaque rupture est alors une mort partielle, un avant-goût de la mort. « Ce n'est pas la première fois, écrit Proust, que la vie me quitte, puis revient[4] ».

Ce sentiment d'une présence de la mort au sein même de la vie au jour le jour prend ses racines, chez Proust, dans la maladie qui sera la croix de toute son existence, à savoir l'asthme. La liaison entre cette maladie et l'obsession de la mort est évoquée dès *Les Plaisirs et les Jours* : « Au fond de sa vie, il écoutait toujours la mort qui jamais ne l'avait laissé tout à fait et qui, sans détruire entièrement sa vie, la minait,

---

consister en une simple collection de moments » (*A D*, IV, p. 60).

1 *T R*, IV, p. 614. Voir aussi la suite du texte.

2 *Corr.*, K, XI, p. 257. Lettre 135 à Eugène Fasquelle, 28 octobre 1912.

3 I, p. 581. Voir aussi p. 627 : « J'avais l'étonnement de percevoir au fond de moi-même, un jour un sentiment, le jour suivant un autre ».

4 *Corr.*, K, XX, p. 152. Lettre 73 à Charles Bugnet, mars 1921.

tantôt ici, tantôt là. Maintenant, son asthme augmentait, il ne pouvait pas reprendre haleine[1] ».

Cette expérience des « étouffements », comme dit le narrateur de la *Recherche*, a modifié profondément la vie de Proust, l'a contraint à vivre la nuit, à dormir le jour, et l'a rendu presque mort au monde. La *Correspondance* abonde en plaintes sur les servitudes d'une telle vie de malade ; une lettre à Louisa de Mornand les résume : « Continuerai-je jusqu'à ma mort à mener une vie que même des malades gravement malades ne mènent pas, privé de tout, de la lumière du jour, de l'air, de tout travail, de tout plaisir, en un mot de toute vie[2] ? ».

Or l'asthme est une maladie bien particulière et Proust, pour la caractériser invoque, dans une lettre à Robert de Montesquiou[3], une lettre de Sénèque (asthmatique lui aussi) à Lucilius, qui est tout à fait frappante pour notre propos. Sénèque commence par noter qu'aucune maladie ne lui semble plus pénible. Et il ajoute : « Dans toutes les autres affections, on est malade ; dans celle-ci, on rend l'âme. C'est pourquoi les médecins la dénomment "l'apprentissage de la mort" (*meditationem mortis*). Une fois ou l'autre en effet, ce souffle réalise ce qu'il a tenté maintes fois[4] ». Proust, secoué par les crises d'asthme, cherche son souffle. Il cherche *l'inspiration.* Il la trouve et il écrit. Il écrit du fond de la nuit, dans le silence et l'obscurité[5]. Il écrit du seuil indéfiniment approché, jamais encore franchi, de la mort.

1 Éd. P. Clarac et Y. Sandre, Paris, Gallimard, « Bibliothèque de la Pléiade », 1971, p. 160. Nous n'invoquerons pas l'asthme pour tenter de rendre compte, comme on l'a fait, de la phrase si particulière de Proust, interminable et coupée d'incidentes. Lorsque Proust s'explique lui-même sur son style, il n'invoque pas, à notre connaissance, l'influence de l'asthme ; mais il affirme tisser les fils de ses longues phrases « comme un ver à soie » (*Corr.*, K, V. Lettre 146 à Robert Dreyfus, juillet 1905).

2 *Corr.*, K, V, p. 253. Lettre 128, juin 1905. Voir aussi, *ibid.*, p. 140. Lettre 66 à Albert Sorel, mai 1905. Le caractère violent et envahissant des crises d'asthme arrache à Proust l'aveu qu'elles l'ont « rendu indifférent à tout ce qui n'intéressait pas mon corps souffrant » (*Essais et articles*, éd. citée, « Sur M. Alphonse Daudet », p. 892). J.-Y. Tadié cite un texte de *L'Indifférent* de Proust où il est aussi question de l'asthme (voir Introduction à son édition de la *Recherche*, La Pléiade, t. I, p. XV).

3 *Corr.*, K, XVIII, p. 394. Lettre 223, septembre 1919.

4 Trad. H. Noblot, Paris, Les Belles-Lettres, 1947, t. II, p. 58. La Lettre de Sénèque est la Lettre 54. À la lecture de ce texte, on pense à Arétée de Cappadoce, écrivant dans son traité « De l'asthme » : « Quand le mal [l'asthme] est à son comble, il arrive souvent que le malade périt suffoqué » (*Traité des signes, des causes et de la cure des maladies aiguës et chroniques*, tr. M.-L. Renaud, Paris, éd. Laguy, 1834, p. 115).

5 Voir *T R*, IV, 476 : « Les grands livres doivent être les enfants, non du grand jour et de la causerie, mais de l'obscurité et du silence ».

Il écrit pour *revivre.* Le rapprochement que nous venons de faire entre le souffle et l'inspiration de la création littéraire n'a rien de forcé ; il est effectué par Proust lui-même dans un note à sa traduction de *Sésame et les lys*, lorsque Ruskin parlant de l'étymologie du mot « esprit », qui veut dire « souffle », ajoute : « Nous en avons le vrai sens dans le mot "inspiration" ». Phrase que Proust commente ainsi dans sa note : « Et voici que la médecine contemporaine semble sur le point de nous dire elle aussi [...] que nous sommes "nés de l'esprit" et qu'il continue de régler notre respiration (voir les travaux de Brugelmann sur l'asthme)[1] ».

À la torture physique de l'asthme se joint pour le malade une torture morale : les autres ne le voient pas souffrir, et quand ils le voient c'est que la crise est passée. Seule la mort pourra venir attester de la réalité de ses maux[2]. Il est semblable à l'oiseau de Minerve dont parle Hegel, qui ne vit que dans la grisaille, ainsi évoqué par le narrateur : « Moi l'étrange humain qui, en attendant que la mort le délivre, vit les volets clos, ne sait rien du monde, reste immobile comme un hibou et, comme celui-ci, ne voit un peu clair que dans les ténèbres[3] ». Le rôle de l'asthme, cette *meditatio mortis*, nous semble donc fondamental dans l'élaboration d'une partie de la pensée de Proust[4]. Mais on ne manquera pas de nous opposer, peut-être, la séparation si souvent proclamée par lui entre l'œuvre et la biographie de son auteur, séparation si méconnue par Sainte-Beuve. Songeons à la déconvenue du narrateur, lecteur admiratif des romans de Bergotte, lors de sa rencontre avec « l'homme à barbiche[5] », au « nez

1 Proust, trad. de Ruskin, *Sésame et les Lys*, Intr. d'A. Compagnon, Paris, éd. Complexe, 1987, p. 163.

2 Proust écrit à Madame de Saint-Marceau : « J'ai trop longtemps souffert d'avoir à supporter, avec la plus terrible vie de malade, la réprobation qu'on réserve à un simulateur » (*Corr.*, K, XX, p. 202. Lettre 143, mai 1922). C'est pourquoi il ne sort que rarement de chez lui, car « si par hasard on me voit, et [qu'] on me reconnaît [...], il faut expliquer que je ne suis pas mort, m'en excuser, mille complications » (*ibid.*, K, XI, p. 337. Lettre 166, à Louis de Robert, 24 décembre 1912).

3 *S G*, III, p. 371.

4 Ce rôle, qui doit toujours rester présent dans notre esprit, fera contrepoids à la représentation du Proust mondain, celui du portrait de Jacques-Émile Blanche, en frac et une fleur passée à la boutonnière... Écoutons Proust lui-même avouer à Madame Valette : « Je trouve que cette vie de lutte incessante contre le mal ressemble aussi peu que possible à la vie mondaine ». (*Corr.*, K, XIX, p. 55. Lettre 14 du 10 janvier 1920). Sur l'asthme de Proust, on lira avec fruit l'excellent article de F.-B. Michel, « À la recherche du souffle perdu », dans *Magazine Littéraire*, Hors-série n° 2, « Le siècle de Proust », p. 40-42.

5 *J F F*, I, p. 549 et p. 538.

en colimaçon » qui les avait écrits ! La maladie ne fait-elle pas partie de ces circonstances contingentes, pas plus significative que la barbiche ou le nez du grand romancier ? – Nous ne le croyons pas, pour cette maladie-là du moins, qui l'a fait « mourir au monde[1] ». Elle a en effet une portée existentielle telle que l'expérience qu'elle impose touche à l'essence même de l'être qui en est affecté ; elle n'a pas l'extériorité de la configuration d'un visage ou d'une tournure, la superficialité d'un personnage social. Proust n'a jamais nié qu'il y ait entre la vie d'un auteur et son œuvre un rapport étroit, réel et significatif, pourvu que par « vie » on entende la profondeur de l'intériorité, laquelle n'éclate pas aux yeux des autres, et la plupart du temps ne se laisse pas deviner. Peu avant sa mort en effet, Proust précise à Rosny aîné : « Vous dites que l'œuvre d'art reflète son auteur *et c'est absolument vrai* ; mais cet auteur n'est pas tout à fait "l'homme" qui se montrait à ses contemporains. [...] [Stendhal, Nerval, Baudelaire, etc.] sincères quand ils descendaient au fond mystérieux d'eux-mêmes dans la solitude, étaient fort différents devant les autres[2] ». L'homme étant un être incarné, l'on ne peut pas dire qu'une maladie aussi chronique que l'asthme n'affecte que la mécanique d'un corps entièrement extérieur à la pensée.

Nous venons de voir que le moi miné par la mort est un moi non substantiel, incertain de son être ; mais qu'en est-il d'autrui ? Une analyse parallèle nous le montrera toujours déconcertant, toujours à démentir ce à quoi l'on s'attend de sa part ou, pire encore, plein de duplicité dans un même instant, comme Legrandin par exemple. Si l'on revient au niveau de la description, ce qui correspond à ce que nous avons nommé le *moi feuilleté*, c'est la donation d'autrui par *profils*. Nous saisissons en effet autrui par une perception, et non par une aperception (pour reprendre une distinction leibnizienne), c'est-à-dire du-dehors et non pas du-dedans. En cela, la saisie d'autrui est essentiellement différente de celle dont je me saisis moi-même. C'est pourquoi l'Autre est autre que moi, « moi qui avais passé enfermé dans ma vie et la voyant du dedans[3] ». En

1 *T R*, IV, p. 621.

2 *Corr.*, K, XX, p. 335. Lettre 188 du 14 juin 1921. Nous soulignons. L'œuvre exprime de l'homme son être essentiel, affirme une lettre de Proust à J.-É. Blanche (*ibid.*, K, XIV, p. 180. Lettre 86, juillet 1915). Même affirmation, renforcée encore, où le narrateur souligne, dans la création littéraire, « la part de l'Esprit éternel, laquelle est l'auteur des livres de Bergotte » (I, p. 547).

3 *T R*, IV, p. 547.

conséquence, nous n'appréhendons jamais autrui comme une totalité indivise, mais par les côtés qui se présentent à nous. Ainsi, lorsque nous voyons un cube, seules certaines faces de ce cube nous apparaissent, les autres restent cachées, et nous en induisons l'existence. L'Autre est par suite « un être qu'on voit à la volée[1] », et dont nous tentons, plus ou moins adroitement, de recoller tous les profils pour en faire une personne. Ce caractère improbable d'autrui est une des plus anciennes affirmations de Proust, et une théorie dont il revendique l'originalité dès 1888. S'adressant à R.-L. Dreyfus, il note que, pour l'expérience commune, la pitié implique la bonté ; c'est pourquoi si je vois quelqu'un éprouver de la pitié, je conclus à sa bonté. Et Proust ajoute : « Mais cette construction est très hypothétique[2] ». Hypothétique précisément parce que c'est une construction, et que ce qui implique un raisonnement est susceptible d'erreur[3]. L'appréhension d'autrui est donc soumise aux mêmes lois que celle de l'appréhension de tout objet : d'abord une loi d'*extériorité* de cet objet, ce qui entraîne son opacité, ensuite son caractère nécessairement *composite*, puisque la perception s'opère par profils.

L'extériorité d'abord. Pour une perception simple, les yeux d'une jeune fille sont « une brillante rondelle de mica » ; mais nous sentons bien vite que « ce qui luit dans ce disque réfléchissant [...] sont, inconnues de nous, les noires ombres des idées que cet être se fait[4] ». Il faut donc que le sentiment rajoute aux données immédiates du perçu l'hypothèse d'une vie intérieure chez autrui, vie intérieure qui nous reste malgré tout nécessairement dérobée, puisqu'elle est intérieure. Proust souligne parfaitement l'opacité résiduelle de toute personne malgré l'affectivité qui peut nous lier à elle[5]. Cette phénoménologie de l'existence d'autrui explique les réserves faites, tout au long de la *Recherche*, sur la réalité de l'amitié et sur la possibilité même de l'amour, présenté selon une

1 *J F F*, II, p. 155.

2 *Corr.*, K, I, p. 115. Lettre 10.

3 L'incertitude d'une construction de représentations est bien mise en lumière par ce passage de *Swann* : « Nous remplissons l'apparence physique de l'être que nous voyons de toutes les notions que nous avons sur lui, et dans l'aspect total que nous nous représentons, ces notions ont certainement la plus grande part » (I, p. 19).

4 *J F F*, II, p. 152.

5 Voir *C G*, II, p. 367 : « [Une personne] est une ombre où nous ne pouvons jamais pénétrer, pour laquelle il n'existe pas de connaissance directe, au sujet de quoi nous nous faisons des croyances nombreuses à l'aide de paroles et même d'actions, lesquelles les unes et les autres ne nous donnent que des renseignements insuffisants et d'ailleurs contradictoires ».

formule célèbre comme « une torture réciproque[1] ». Un texte de *Du côté de chez Swann* déclare en effet : « Un être réel, si profondément que nous sympathisions avec lui, pour une grande part *est perçu par nos sens, c'est-à-dire nous reste opaque*, offre un poids mort que notre sensibilité ne peut soulever[2] ». Entre autrui et nous, comme entre la chose et nous, s'interpose ce que Proust nomme un « liséré », un intermédiaire comme la peau d'un gant, qui trace une frontière entre un corps et la pensée qui veut s'en saisir. Autrui n'est pas connu sans médiation ; la loi de l'extériorité fait du corps humain un corps parmi les corps : « Il y a entre nous et les êtres un liséré de contingences, [...] comme il y en a un de perception et qui empêche la mise en contact absolue de la réalité et de l'esprit[3] ».

Ensuite, le caractère composite. Pas plus que le moi, l'Autre n'est une unité. L'intentionnalité qui le vise n'en manifeste qu'un aspect, que bien étourdiment nous prenons pour le tout. Nous parlons de « Gilberte », et certes le nom au cours du roman reste le même, mais il faut penser « la fragmentaire Gilberte[4] ». *La Prisonnière* écrit même dogmatiquement : « Albertine était plusieurs personnes[5] », la jeune fille comme il faut et « la fille orgiaque[6] », et ces personnes se démentent perpétuellement et pour le spectateur n'obéissent pas au principe d'identité, pour la bonne raison qu'elles vivent dans le temps[7]. Elles nous présentent alors un visage à facettes qui déroute le regard, non pas un visage mais des visages, de face et de profil (mais la face est aussi un profil !), semblables à ceux des dieux de l'Orient : « Le visage humain est vraiment comme celui du Dieu d'une théogonie orientale, toute une grappe de visages juxtaposés dans des plans différents et qu'on ne voit pas à la fois[8] ». La surimpression des différents profils qu'autrui nous livre de lui-même

---

1 « J'appelle ici amour une torture réciproque » (*La Prisonnière*, III, p. 617).

2 *Swann*, I, p. 84. Nous soulignons.

3 *T R*, IV, p. 553.

4 *T R*, IV, p. 569.

5 III, p. 840.

6 *A D*, IV, p. 188.

7 « Pour entrer en nous, un être a été obligé de prendre la forme, de se plier au cadre du temps ; ne nous apparaissant que par minutes successives, il n'a jamais pu nous livrer de lui qu'une seule photographie » (*A D*, IV, p. 60). Car le perspectivisme de Proust se traduit aussi, dans sa vie, par son amour immodéré des photos, qu'il entasse dans des tiroirs et réexamine périodiquement.

8 *J F F*, II, p. 269-270.

n'aboutit pas à une image unique et solide, à une représentation synthétique qui fusionneraient ces vues partielles. Au contraire, ces profils qui s'égrènent se démentent l'un l'autre et composent des « êtres de fuite[1] » qui esquivent toute prise, et finalement se dérobent. Pour le narrateur, cette esquive pourrait bien être constitutive de la beauté féminine, « la Beauté dont on serait parfois tenté de se demander si elle est en ce monde autre chose que la partie de complément qu'ajoute à une passante fragmentaire et fugitive notre imagination surexcitée par le regret[2] ». En effet, à la femme réelle, parfois décevante, la vision fuyante substitue une femme *possible* (qui est en même temps une femme impossible) ; elle donne et elle ôte à la fois, et par là montre la radicale insuffisance de ces aperçus fugitifs que sont nos rapports ordinaires à autrui. Nous recevons ainsi ce que le narrateur nomme « une leçon de relativisme[3] » ; il aurait dû plutôt dire « une leçon de perspectivisme[4] », comme le suggère la fameuse scène du baiser à Albertine. Quoi de plus présent, de plus indéniable et de moins fuyant que « le beau globe rose de ses joues[5] » ? Avoir contact avec les joues d'Albertine, c'est autre chose que d'apercevoir de loin l'une des silhouettes encore indistinctes de la petite bande des jeunes filles qui se promènent le long de la digue de Balbec, et où l'œil du narrateur ne fait que cueillir au passage le visage « d'une fille aux yeux brillants, rieurs, aux grosses joues mates[6]... ». Voilà un « plan nouveau[7] » qui pourrait nous faire croire à « une chose à aspect défini[8] », ce qu'elle n'est pas bien sûr, comme l'expérience du baiser va l'apprendre au narrateur :

> Au fur et à mesure que ma bouche commença à s'approcher des joues que mes regards lui avaient proposé d'embrasser, ceux-ci se déplaçant virent des joues nouvelles ; le cou, aperçu de plus près et comme à la loupe, montra, dans ses gros grains, une robustesse qui modifia le caractère de la figure. [...] Tout d'un coup, mes yeux cessèrent de voir ; à son tour mon nez, s'écrasant,

1 *Prisonnière*, III, p. 600.
2 *J F F*, II, p. 73.
3 *C G*, II, p. 658.
4 Le terme est d'ailleurs prononcé, *ibid.*, p. 660 : « ...relative à une perspective non moins légitime... ».
5 *Ibid.*, p. 659.
6 *J F F*, II, p. 151.
7 *C G*, II, p. 659. Voir p. 661 : « ...la scène inverse de celle de Balbec... ».
8 *Ibid.*, p. 660.

> ne perçut plus aucune odeur, et sans connaître pour cela davantage le goût du rose désiré, j'appris, à ces détestables signes, qu'enfin j'étais en train d'embrasser la joue d'Albertine[1].

Quelle meilleure analyse pour une phénoménologie de la perception ? Notons au passage que l'on trouve un parallèle à cette réduction d'une personne à « un musée d'esquisses[2] » dans l'évocation du paysage matinal contemplé par le narrateur dans le train qui l'amène à Balbec. Il admire une bande de ciel rose à la vitre de son compartiment, bientôt remplacée par un village nocturne à la suite d'un coude de la voie ferrée. Mais le ciel incarnat réapparaît à la fenêtre d'en face, puis disparaît à nouveau, « si bien que je passais mon temps à courir d'une fenêtre à l'autre pour rapprocher, pour *rentoiler les fragments intermittents* et opposites de mon beau matin écarlate et versatile[3] ».

Tout au long des analyses proustiennes que nous venons d'évoquer court un fil qui assure leur cohérence : au moi miné par la mort correspond la personne d'autrui masquée par l'esquive, ou plutôt déconstruite en une multitude de profils d'elle-même qu'il faut « rentoiler » comme les multiples vues d'un paysage traversé. – Mais Proust n'en reste pas là. À ce chant lugubre répond aussitôt un contre-chant, dont une formule célèbre de Spinoza donne le ton : « La sagesse est apprentissage non de la mort, mais de la vie[4] ». En effet, si Proust a radicalisé le changement que produit en nous le temps au point de le comprendre comme une métamorphose (« changer, c'est-à-dire devenir une autre personne[5] »), il a souligné aussi en nous la tendance inverse de « la résistance à la mort[6] ». Nous citions à l'instant Spinoza, et nous pensons maintenant à ce qu'il nommait le *conatus*, ou effort que fait un être afin de persévérer dans son être, et que le narrateur reprend à son compte lorsqu'il déclare en termes nets : « Toutes choses tendent à durer[7] ». Proust partage cette grande pensée qui exprime l'essence même de la vie, et à cette mort qui est en chacun la blessure causée par le passage du temps, il opposera

1 *Ibid.*, p. 660-661.
2 *J F F*, II, p. 947. Esquisse XLVIII.
3 *Ibid.*, II, p. 16. Nous soulignons.
4 *Sapientia non mortis sed vitae meditatio est. Éthique*, Livre IV, prop. 67.
5 *Swann*, I, p. 371.
6 *J F F*, II, p. 32.
7 *J F F*, II, p. 178.

la *Recherche*, prodigieuse machine à remonter le temps, celle qui opère la résurrection des morts. Machine quelque peu diabolique, si l'on en croit cet auteur aimé de Proust, Michelet qui, dans *La Sorcière* fait dire au diable : « Je fus, je suis le *roi des morts*. [...] Moi seul, [...] moi seul je les fais revenir[1] ». Car c'est bien une résurrection (Proust dira aussi une « recréation ») qu'il s'agira de tenter par la mémoire. Si cette résurrection est possible c'est bien parce que, comme l'écrivait Théophile Gautier, « rien ne meurt, tout existe toujours ; nulle force ne peut anéantir ce qui fut une fois[2] ». Mais le caractère ineffaçable de ce qui fut n'est pas pour Proust la gravure tragique du crime, comme pour Lady Macbeth, mais la possibilité même d'une lutte contre la mort, contre la disparition du soi actuel. Lorsqu'il analyse l'effroi qu'il éprouve à coucher dans une chambre d'hôtel inconnue, le narrateur y voit à l'œuvre le grand principe de la conservation de l'être, du *conatus* spinoziste, « ce grand refus désespéré qu'opposent les choses qui constituent le meilleur de notre vie présente à ce que nous revêtions de notre acceptation la formule d'un avenir où elles ne figurent pas[3] », toutes ces choses « qui ne se résignaient pas à l'idée de ne plus être[4] ».

À l'expérience de ce que nous avons nommé le moi feuilleté s'oppose donc avec force le principe naturel « de la longue résistance désespérée et quotidienne à la mort fragmentaire et successive[5] » qui, chez les tempéraments nerveux, fait entendre haut et fort « la plainte des plus humbles éléments du moi qui vont disparaître[6] ». La lutte toujours renouvelée entre ces deux principes de mort et de survie est parfaitement exprimée par une formule dont on ne saurait exagérer l'importance, puisqu'elle scande avec force les deux temps de la recherche proustienne : « Ce serait donc une vraie mort de nous-même, mort suivie, il est vrai, de résurrection[7] ». Ainsi, chaque jour que nous vivons prend-il le caractère religieux de la résurrection des morts qui, chez Agrippa d'Aubigné, faisait paraître que « tous sortent de la mort comme l'on sort d'un songe ». Mais chez Proust, cette résurrection

1 I, 7. Paris, Éd. Jean de Bonnot, 1998, p. 74.

2 « Arria Marcella », dans *Théophile Gautier. L'œuvre fantastique*, éd. M. Crouzet, Paris, Classiques Garnier, Bordas, 1992, I, p. 221.

3 *J F F*, II, p. 30-31.

4 *Ibid.*, p. 31. Voir aussi Esquisse XXXIV, p. 905 : « ...la résistance quotidienne à la mort ».

5 *Ibid.*, p. 32.

6 *Ibid.*, p. 32.

7 *Ibid.*

n'aura pas lieu après la mort, comme celle de Lazare, mais bien en remontant avant elle, loin vers notre jeunesse et notre enfance, grâce aux séismes de la mémoire pour qui, comme nous le verrons, « perpétuellement des soulèvements font affleurer à la surface des couches anciennes[1] ». Se relier à soi par la mémoire, tel sera le défi ; car la discontinuité de son moi, Proust la subit, mais ne s'y résigne pas, et encore moins s'en accommode, même si elle finit parfois par le guérir de grands chagrins. Il avoue ainsi à Madame Soutzo : « On n'aime pas mourir à soi-même, être remplacé par un Proust qui pourra fort bien se passer de Morand[2] ».

Ici l'on pourrait objecter que le recours massif au passé est un recours mortifère, puisque précisément le passé n'est plus. – Ce serait oublier que ce recours n'est pas un retour, une promenade complaisante au pays des souvenirs défunts et des regrets. Un tel recours invoque au contraire « ces dessous profonds du présent qui se laissent creuser[3] » ; il est la profondeur de la présence, ce qui du passé se laisse présentifier ; le passé est « présence du passé » disait saint Augustin[4].

C'est bien ce désir d'échapper à la mort par la restauration d'une continuité qui amènera Proust à privilégier les expériences de mémoire involontaire, qu'il analysera d'ailleurs très tôt puisque *Jean Santeuil* leur fait déjà une large place. Parlant de son roman *Du côté de chez Swann* et de la célèbre scène de la madeleine (qu'il appelle « la tige du livre »), Proust s'écrie dans une lettre à René Blum : « Aussitôt toute ma vie d'alors ressuscite[5] ». Or, il en va de même pour les morts, et si nous croyons ne plus les aimer, « c'est parce que nous ne nous les rappelons pas[6] », d'un vrai souvenir s'entend, celui que la vue d'un vieux gant produit en nous, nous faisant fondre en larmes. La résurrection des morts est donc possible, bien avant celle du Jugement dernier ; tout autant que les « moi » de jadis et de naguère, les morts peuvent revivre par la puissance des vrais souvenirs. Sur ce thème, les textes de Proust sont nets et nombreux : « Pour moi, les morts vivent[7] ». Et encore : « Les

1 *A D*, IV, p. 125.
2 *Corr.*, K, XVI, p. 331. Lettre 170, 1er déc. 1917. Voir aussi *T R*, IV, p. 614 : « La crainte de n'être plus moi m'avait fait jadis horreur ».
3 *J F F*, I, p. 551.
4 *Confessions*, Livre XI, chapitre 20 : *praesens de praeteritis.*
5 *Corr.*, K, XII, p. 295. Lettre 134, novembre 1913.
6 *Ibid.*
7 *Corr.*, K, XIV, p. 111. Lettre 52, à Mme de Caillavet, 23 avril 1915.

morts vivent tellement en moi que ne pouvoir les trouver sur la terre me semble une espèce de non-sens[1] ». Proust rejoint ici, comme il le signale lui-même[2], un sentiment très homérique, celui de la *Nekuia* de l'*Odyssée* où l'on voit les ombres des plus fiers guerriers défunts prêtes à accepter une condition misérable, pourvu qu'elles retrouvent la vie : « Or, il n'est pas douteux que ce que voudraient les pauvres morts, c'est se survivre[3] ». Il ajoute : « Ce dont les morts ont surtout besoin, la vie[4] ». Ainsi voit-on Proust refuser de croire à la réalité de la mort ; nous comprendrons pourquoi dans notre dernier chapitre. Il invoque à ce propos un texte de Michelet : « Je crois difficilement à la mort, dit Michelet dans une page admirable. Il est vrai qu'il le dit à propos d'une méduse. [...] Mais si je crois sans difficulté à la mort d'une méduse, je ne puis croire facilement à la mort d'une personne[5] ». Et cela d'autant plus que l'enfant, dont la mère disparaît, redoute qu'elle ait cru que jamais, « de toute l'éternité », elle ne le reverrait : « C'est cette pensée-là qui me tue », écrit Proust à Armand de Guiche qui vient de perdre sa mère[6]. Même réaction dans une lettre au sujet de Corisande de Gramont, où il parle d'« une pensée qui [le] rend fou[7] ».

Ici l'on nous pardonnera de faire, brièvement, un peu de psychologie. Proust fait partie, nous semble-t-il, de ces écrivains que Max Schéler nommait « les génies affectifs de l'Histoire[8] ». Le narrateur est d'ailleurs parfaitement conscient de son aptitude à l'empathie : il parle de sa « disposition à (se) mettre à la place des gens et à recréer leur état d'esprit[9] », et Proust déclare à Antoine Bibesco que « le fond de [sa] nature est la sympathie[10] ». Cette identification à l'autre est bien sûr complète lorsqu'il

1 *Ibid.*, p. 132. Lettre 62, à Mme de Madrazo, mai 1915.

2 *Ibid.*, K, III, p. 196. Lettre 105, à Antoine Bibesco, 20 décembre 1902.

3 K, XVIII, p. 70. Lettre 19, à Louise Baignères, janvier 1919.

4 *Ibid.*, p. 71.

5 « Sentiments filiaux d'un parricide », dans *Mélanges*, éd. citée, p. 157-158. L'édition Clarac ne donne pas la référence du passage de Michelet. Mais si on se reporte au texte, on constate que Proust cite ici de mémoire. La leçon exacte est : « Je ne crois pas aisément à la mort » (*La Mer*, Paris, Hachette, 2e éd., 1861, p. 164). Notons au passage que l'on trouve, *ibid.*, p. 213, une remarque dont Proust a peut-être fait son profit : « Tout être qui a vie doit mourir un peu tous les jours ».

6 *Corr.*, K, V, p. 313. Lettre 157, 28 juillet 1905.

7 *Ibid.*, p. 318. Lettre 161, à Anna de Noailles, août 1905.

8 *Nature et formes de la sympathie*, trad. fr., Paris, Payot, 1950, p. 121.

9 *J F F*, II, p. 44.

10 *Corr.*, K, IV, p. 100. Lettre 49 du 28 mars 1906.

s'agit d'êtres proches, famille, êtres aimés, amis. Plus l'empathie est forte, plus grande sera la douleur de la perte et la négation du deuil par le travail de la mémoire car, affirme Proust, je ne peux « jamais m'empêcher de penser plus aux pauvres morts qu'aux vivants[1] », et cela non par goût du morbide, mais afin de leur rendre la vie qui les a quittés[2]. Aussi le grand rêve de Proust est-il celui de retrouvailles entre tous les êtres qui, sur terre, s'aimaient ; il semble presque prêt, pour réaliser ce rêve, à croire en l'immortalité personnelle de l'âme[3], et il s'écrie dans une lettre à Georges de Lauris : « Quelle folie, quelle ivresse si la vie immortelle m'était assurée ! [...] Tous ceux qu'on a quittés, qu'on quittera, ne serait-il pas doux de les retrouver sous un autre ciel[4] ! »

Pour baptiser ce rêve proustien, nous avancerions volontiers le concept gnostique de « plérôme », issu de la théologie de Valentin. Le plérôme est l'assemblée des êtres éternels émis et formés par le Père en vue de sa gloire ; pour réaliser ce « plérôme », ou « plénitude », ou encore « complétude », chaque être éternel « apporta et mit en commun ce qu'il avait en lui de plus exquis, et comme la fleur de sa substance[5] ». En laïcisant ce concept on peut, nous semble-t-il, l'utiliser pour désigner la communauté bienheureuse de ceux qui ne sont des « disparus » que pour les oublieux, et que le souvenir nous permet de rejoindre dès cette vie. Dans ce but, Proust exhorte Robert Dreyfus à vivre « en une région de (lui-même) où les barrières de la chair et du temps n'existent plus, où il n'y a pas de mort parce qu'il n'y a pas de temps, ni de corps, et *où on vit doucement dans la société immortelle de ce qu'on aime*[6] ».

1 *Ibid.*, K, XVII, p. 327. Lettre 136, à André Foucart, 29 juillet 1918.

2 Proust déclare à Mme de Caraman-Chimay : « Vous êtes un de ces rares êtres [...] en qui les morts continuent de vivre » (K, XVI, p. 211. Lettre 105, 23 août 1917). Et à Gaston Gallimard il affirme que *Le Temps retrouvé* « est presque tout entier sur la mort et la survivance dans la mémoire ».

3 *Corr.*, K, III, p. 437. Lettre 253, à Antoine Bibesco, 30 octobre 1903 : « ...si l'immortalité personnelle est vraie... ».

4 *Ibid.*, K, IV, p. 262. Lettre 139, septembre 1904.

5 Irénée, *Contre les hérésies*, Livre I, 2, 6. Trad. fr. de A. Rousseau et L. Doutreleau, t. II, Paris, Le Cerf, 1979, p. 46-49. On consultera aussi Manlio Simonetti, *Testi gnostici, in lingua greca e latina*, Milan, Mondadori, 1993. Voir p. 575, Indice, *Plèrôma*.

6 *Corr.*, K, X, p. 208. Lettre 98, 10 novembre 1910. Nous soulignons. On lira encore, dans le même sens, une autre lettre à Georges de Lauris : « Nous refaisons tout le temps par la pensée le cercle de famille tel qu'il eût été, tel qu'il est pour nous, sans la mort. Nous avons vraiment ceux que nous aimons près de nous » (*Ibid.*, K, VII, p. 265. Lettre 149 du 27 août 1907).

Cette pensée du plérôme explique un trait qui peut surprendre le lecteur des vingt et un volumes de la *Correspondance* de Proust, et qui a d'ailleurs été souligné déjà : la très grande abondance des lettres de condoléances. « À certains de ses correspondants, remarque Vincent Kaufmann, qui ne sont pas vraiment des proches, il n'écrit d'ailleurs que lorsqu'il peut s'associer au deuil qui les frappe[1] ». Proust emplit ainsi son plérôme ; par là, il rejoint sa tâche fondamentale, constante, obstinée : vaincre la mort, ressaisir la présence, retrouver, comme l'écrivait Lamartine, « le foyer qui n'a plus d'absents[2] ». La ténacité proustienne éclate dans sa volonté de restauration de tout le devenir ; les mots clés de son combat contre la mort ne sont-ils pas ici ceux de *retrouver, revivre, reviviscence, résurrection* ? Ce qui est important dans ce lexique, c'est le *re-* de la récurrence, du répétitif[3] ; le *re-* qui revient, le *re-* de la retrouvaille et du revenant, c'est celui qui relève les êtres de la chute et de la disparition. Le plérôme recueille ceux qui allaient s'engloutir ; il les exhausse à une vie plus forte ; ayant échappé une fois à la mort, ceux que nous appelons « les morts » peuvent y échapper encore dans le plérôme, à vrai dire peuvent y échapper toujours,

> Partageant le foyer et la table avec les autres immortels,
> Libres des peines humaines, indestructibles[4].

Ce monde enchanté du plérôme, il ne suffit pas qu'il existe uniquement dans la tête d'un humain, « tête vide et qui serait un jour brisée[5] », il faut qu'il reçoive une existence objective, qu'il s'inscrive en une œuvre et soit ainsi « en sûreté dans un livre[6] » et « mis à l'abri[7] » ; il faut qu'il devienne écriture, littérature et œuvre d'art. Ce « il faut » est d'ailleurs

---

1 « Marcel Proust fait ses condoléances », *Ornicar ? Revue du champ freudien*, n° 48, 1989, p. 58-68.

2 « La vigne et la maison ».

3 Nous reviendrons plus loin sur la répétition, qui est l'un des axes (sinon l'axe) de la pensée proustienne. Contentons-nous pour l'instant de citer un passage d'une lettre à Mme A. Daudet : « Moi, je n'aime que les maisons où je suis déjà venu » (*Corr.*, K, XII, p. 126. Lettre 52, du 4 avril 1913).

4 Empédocle, fgt B 147 D.-K. Trad. fr. d'A. Martin et O. Primavesi, *L'Empédocle de Strasbourg*, Berlin-New-York, de Gruyter, 1999, p. 63.

5 *J F F*, II, p. 179.

6 *T R*, IV, p. 614.

7 Cette expression « mise à l'abri », « mettre à l'abri » revient souvent chez Proust pour désigner l'œuvre imprimée, le livre. Voir surtout la *Correspondance* de l'année 1916, K,

la volonté propre de l'œuvre, car « tout ce qui doit durer aspire à sortir de ce qui est fragile. [...] Ainsi la [...] poésie, quand elle se sent assez forte, aspire à s'échapper de l'homme caduc qui peut-être ce soir sera mort ; [elle] aspire à s'échapper de l'homme sous forme d'œuvres[1] ».

Nous touchons ici le point sensible du grand revirement proustien : la mort larvée en nous, et aussi celle qui frappe tout autour de nous, cette mort n'est pas invincible. C'est là le « grand mystère de l'anéantissement et de la résurrection[2] », et l'ange de cette résurrection, c'est l'art : « Et pourtant si, affirme Proust à Henry Bordeaux, il y a une reprise de possession possible du passé. [...] *La Voie* est sans retour dans la réalité. Mais non dans l'art[3] ». C'est pourquoi Proust deviendra le martyr de l'art, pour accomplir le grand mystère de la résurrection. Pénélope chaque nuit défaisait la tapisserie faite pendant le jour ; Proust au contraire retisse la nuit, dans ses *Cahiers*, son moi rhapsodique et oublieux pour le remplacer par un Narrateur rendu à soi-même par la grâce du souvenir. Mais ce souvenir n'est pas seulement chez lui souvenir de soi, il est aussi souvenir de tous ceux qu'il aimait, et qui ne vivent plus que dans la mémoire des vivants. C'est pourquoi cette mémoire est piété ; elle nous rappelle « ce qu'il y a d'absurde dans la mort et de sacré dans le souvenir[4] ». Si bien que la *Recherche* tout entière fonctionne peut-être comme un immense plérôme, où se trouve mise à l'abri ce que J.-Y. Tadié nomme « la comédie humaine de Proust[5] ». Elles s'y inscrivent avec les contours d'une fresque antique, les jeunes filles de la « petite bande » et leur « beau cortège[6] » sur la digue de Balbec ; elles y prendront la forme et la solidité pérenne qui leur manquaient encore dans la photographie ancienne de leur groupe, ainsi que dans « l'indécision et le tremblé[7] » du premier regard que jette sur lui le narrateur. Sorties de leur « nébuleuse

XV, p. 130-131. Lettre 57, à Gaston Gallimard, mai 1916, et p. 264. Lettre 116, à Bernard Grasset, 14 août 1916.

1 *Essais et articles*, p. 419-420. On lira sur ce thème les pages féroces du *T R* sur « les célibataires de l'art » (IV, p. 470 *sqq.*).

2 *J F F*, II, p. 177.

3 *Corr.*, K, IV, p. 98. Lettre 48, mars ou avril 1904. Voir aussi *Esquisses* du *T R*, IV, p. 865 : « ...l'art réagissant contre l'œuvre quotidienne de la mort... ».

4 *Ibid.*, K, XIII, p. 348. Lettre 171, à Daniel Halévy, déc. 1913.

5 T. I, Introduction, p. XLVII.

6 *J F F*, II, p. 180. Le narrateur parle plus loin du « beau déroulement des vierges, à la fois dorées et roses, cuites par le soleil et par le vent » (*ibid.*, p. 232).

7 *Ibid.*, p. 181.

indistincte et lactée[1] », elles s'y nommeront Gisèle, Rosemonde, Andrée, et « la bacchante à bicyclette[2] », Albertine Simonet... Dans le plérôme littéraire comme dans la réalité, leur groupe agglutiné, « petit monde à part animé d'une vie commune[3] », joue comme un intensificateur d'une immémoriale féminité[4]. Demeurent ressuscités aussi dans le plérôme tous les personnages du « Bal de têtes », tous ces vieillards roués de coups par l'âge, sonnés, et qui n'avancent plus qu'avec lenteur sur le fil étroit de la vie, un « sublime gaga[5] », une « lourde nageuse[6] » et les joues « composites maintenant comme un nougat[7] » d'Oriane de Guermantes. Ces hommes et ces femmes, jadis insupportables dans la réalité, ont « perdu à peu près tous leurs défauts[8] » : d'Argencourt, jadis rogue et hostile, transmué en vieillard bienveillant et inoffensif ; l'orgueilleux Baron de Charlus, « qui jusque-là n'eût pas consenti à dîner avec Madame de Saint-Euverte, la saluait maintenant jusqu'à terre[9] ». Mais il y a aussi dans le plérôme de bons génies dont le narrateur n'a pas eu besoin d'exorciser la méchanceté, la touchante Françoise qui n'aura jamais plus besoin de s'écrier : « Mademoiselle Albertine est partie[10] ! » et même Ruskin[11], et encore « Montargis et moi, l'un à côté de l'autre, méconnaissables dans notre costume de vieillards du dernier acte[12] »... Tous les héros proustiens sont là, sinon en chair et en os, du moins, selon la parole de saint Jean que Proust aime à citer, « en esprit et en vérité[13] ».

1 *Ibid.*, p. 180.
2 *Ibid.*, p. 228.
3 *Ibid.*, p. 186.
4 Rappelons à ce sujet la protestation de Proust sur « tant d'absurdes propos sur mes jeunes filles hommes déguisés » (*Corr.*, K, XXI, p. 356. Lettre 250, à Jean Schlumberger, 16 juillet 1922).
5 *T R*, IV, p. 501.
6 *Ibid.*, p. 515.
7 *Ibid.*
8 *Ibid.*, p. 514.
9 P. 439.
10 T. IV, p. 3.
11 « Je sens combien c'est peu que la mort en voyant combien vit avec force ce mort » (Ruskin). *Corr.*, K, II, p. 384. Lettre 238, à Marie Nordlinger, janvier 1900.
12 *T R*, IV, *Esquisses*, p. 958. Montargis, dans les réécritures de la *Recherche* deviendra Saint-Loup.
13 *In spiritu et veritate, Évangile de saint Jean*, IV, 24. *Corr.*, K, XX, p. 39. Lettre 3, À madame L. Daudet, janvier 1921. (On notera que Kolb imprime par erreur (*op. cit.*, p. 41) pour la référence à l'Évangile de Jean, IV, 4 au lieu de IV, 24). Par ailleurs, il faut bien voir que les diatribes de Proust contre l'amitié ne doivent pas sonner comme un démenti à

Au terme du parcours de cette thématique, nous constatons que le fil du discours littéraire a relié à lui-même le moi décousu ; la percée verticale du souvenir a traversé les empilements du moi feuilleté. La raison d'être profonde de l'œuvre est proclamée par une formule qui se lit, comme un legs, à la fin du *Temps retrouvé* : « Il fallait qu'il n'y eût pas eu discontinuité[1] ». La résurrection des « moi » anciens rétablit la continuité de la vie, la « vraie vie », celle de la littérature. Elle peut même se passer du souvenir, puisque cette vraie vie est toujours là présente ; elle nous a toujours accompagnés, même si la rumeur de la vie extérieure nous empêchait de la saisir :

> Mais depuis peu de temps, je recommence à très bien percevoir, si je prête l'oreille, les sanglots que j'eus la force de contenir devant mon père et qui n'éclatèrent que quand je me retrouvai seul avec maman. *En réalité ils n'ont jamais cessé*, et c'est seulement parce que la vie se tait maintenant davantage autour de moi que je les entends de nouveau, comme ces cloches des couvents que couvrent si bien les bruits de la ville pendant le jour qu'on les croirait arrêtées mais qui se remettent à sonner dans le silence du soir[2].

La résurrection des morts, elle se fait dans la pensée de ceux qui restent ; la résurrection du moi, elle se fait dans les livres, les livres qui « sont l'œuvre de la solitude et les enfants du silence[3] ». Mais dans le monde comme il va, et qui n'est pas celui de la pensée, Reynaldo Hahn, un jour de novembre 1922 écrira : « Le pauvre Marcel est mort ce soir[4] ». Il était déjà mort bien des fois[5], mais cette fois-ci, c'était pour de bon.

---

sa grande nostalgie du plérôme. L'amitié ressentie négativement ne concerne que celle de la simple sociabilité, qui dérobe en conversations – oiseuses parfois – les minutes précieuses pour l'écriture de l'œuvre, et qui entrave l'attention à soi-même que requiert l'approfondissement des impressions : « Seul, quelquefois, je sentais affluer du fond de moi quelqu'une de ces impressions qui me donnaient un bien-être délicieux. Mais dès que j'étais avec quelqu'un, dès que je parlais à un ami, mon esprit faisait volte-face ». (*J F F*, II, p. 95).

1 IV, p. 624.

2 *Swann*, I, p. 36. Nous soulignons.

3 *T R*, IV. *Esquisses*, p. 858.

4 *Corr.*, K, XXI, p. 536. Lettre 385, à Léon Yeatman, 18 novembre 1922.

5 *Ibid.*, K, XIX, p. 298 : « Je vis dans une espèce de mort… ». *Ibid.*, p. 669 : « …la prise de possession de tout mon être par la mort ». Etc.

MÉMOIRE ET IMPRESSION

LE *COGITO* PROUSTIEN

La *Première Méditation* de Descartes contient cet avertissement : « J'ai coutume de dormir[1]... » « Un homme qui dort... » énonce, dès les premières pages de *Swann*, l'homme qui se couchait de bonne heure[2]. Mais, si le point de départ de Descartes et de Proust semble le même, leurs voies divergent vite : chez Descartes, ce qui sort de la fantasmagorie des rêves, c'est un moi tout armé, compact et sûr de soi, alors que chez Proust ce qui émerge du sommeil est une vie incertaine, impersonnelle et troublante. Il ne s'agit pas chez Proust de l'éveil d'un *cogito*, mais à peine de celui d'un *cogitare* :

> Quand je m'éveillais au milieu de la nuit, comme j'ignorais où je me trouvais, je ne savais même pas au premier instant qui j'étais ; j'avais simplement dans sa simplicité première le sentiment de l'existence comme il peut frémir au fond d'un animal ; j'étais plus dénué que l'homme des cavernes[3].

Tout commence chez Descartes par un *je* : je suis, j'existe ; chez Proust, nous le voyons, il n'y a que le pur exister, sur lequel aucun *ego* n'est encore venu se poser. Cet être qui ne sait pas encore *qui* il est, on pourrait penser au moins *qu'*il est, mais ce serait trop dire encore, car savoir *que* je suis me fait déjà apparaître à moi-même comme un *moi*, alors que dans le texte de Proust la pure existence est antérieure à toute subjectivité personnelle ; elle est anonyme et « simple », c'est-à-dire qu'elle ignore le pli de la réflexion qui renvoie tout moi à lui-même. Le narrateur, au premier moment du

1 *Méditations métaphysiques*, Paris, Vrin, 3e éd. 1949. Introduction et Notes par G. Lewis, p. 20.
2 *Swann*, I, p. 5.
3 *Ibid.* Nous soulignons.

réveil, n'éprouve pas qu'il existe, mais il éprouve si l'on peut dire que ça existe ; il y a une existence nue, exposée à tout vent parce qu'elle n'est pas encore roulée dans un for intérieur. Le degré zéro du moi est alors analogue au néant, où tout sombrerait au moment même de commencer si toutefois, comme une grâce divine, une Muse n'intervenait, tout comme au début de l'*Iliade*. Cette Muse, cette déesse, c'est Mémoire : « Mais alors, *le souvenir [...] venait à moi comme un secours d'en-haut* pour me tirer du néant d'où je n'aurais pu sortir tout seul ; je passais en une seconde par-dessus des siècles de civilisation, et l'image confusément entrevue de lampes à pétrole, puis de chemises à col rabattu, recomposaient peu à peu les traits originaux de mon moi[1] ». Nous trouvons exactement la même doctrine dans *Sodome et Gomorrhe* : « Alors de ces sommeils profonds on s'éveille dans une aurore, ne sachant qui on est, n'étant personne [...] jusqu'au moment où la mémoire accourue lui rend la conscience et la personnalité[2] ». En effet, pour que le vivant puisse s'apparaître à lui-même comme un moi, il faut qu'il se souvienne, c'est-à-dire qu'il se reconnaisse, au terme de deux ou plusieurs moments différents, comme étant le même, le même moi qui sera dès lors un moi-même. Le sentiment de mêmeté est essentiel à l'apparition du moi ; essentielle est par conséquent la mémoire.

Allons plus loin. Le sentiment de l'identité ne peut surgir que d'une différence niée : je passe par des états différents, et pourtant je reste le même. Les différences rendent sensible l'identité, qui sans elles ne se remarquerait pas. Aussi bien le temps est-il mouvement, c'est-à-dire changement ; au cours de deux états successifs je change nécessairement, et comme je subsiste au cours de mes modifications, je me perçois à travers elles comme un sujet identique. Proust est donc ici plus près de Condillac que de Descartes, Condillac dont la statue « ne peut pas dire moi au premier moment de son existence. À la vérité, elle ne le dirait pas à la première odeur ». En effet, ajoute Condillac, « ce qu'on entend par ce mot [moi] ne me paraît convenir qu'à un être qui remarque que, dans le moment présent, il n'est plus ce qu'il a été. Tant qu'il ne change point, il existe sans aucun retour sur lui-même : mais aussitôt qu'il change, il juge qu'il est le même qui a été auparavant de telle manière et il dit *moi*[3] ».

---

1 *Ibid.*, p. 5-6. Nous soulignons.

2 III, p. 371.

3 *Traité des sensations*, I° Partie, chap. 6, § 2. Paris, éd. E. Belin, 1886, p. 119. Proust pense-t-il à Condillac lorsqu'il évoque (*S.*, I, p. 209) « certaines odeurs de rose » ?

En d'autres termes, la différence n'est là que pour faire sentir l'identité, et le moi, loin d'être donné dès le premier instant, se constitue dans le temps sous l'action de la mémoire. Chez Proust, contrairement à ce qui se passe chez Aristote[1], le moment du réveil n'entre pas en continuité directe avec le moment de l'endormissement. Le réveil s'accompagne alors d'une éclipse de la conscience de soi, laquelle ne se ranime que par la grâce du souvenir.

Il faut souligner aussi un point essentiel qui distingue le *cogito* proustien du *cogito* cartésien. Le corps propre est, chez Descartes, soumis au doute, et la certitude du « je pense » est limitée à la pensée pure. Au contraire chez Proust, comme c'était déjà le cas pour Maine de Biran[2], le corps – mon corps – est réintroduit dans la sphère de certitude absolue du *cogito*, du « je suis, j'existe ». Le moi personnel proustien est un moi incarné ; son corps est soustrait au doute jeté sur lui chez Descartes ; il est sauvé par « le bon ange de la certitude[3] » à tel point qu'il est plus fiable que l'oublieuse pensée elle-même. Le corps en effet se souvient, nous en faisons l'expérience tous les jours, ou plutôt toutes les nuits : « ...mon corps, le côté sur lequel je reposais, gardiens fidèles d'un passé que mon esprit n'aurait jamais dû oublier[4] ». Si la subjectivité a besoin pour se constituer de *s'adosser* en quelque sorte à un état antérieur, et pour appréhender son identité de se redoubler dans le temps, c'est parce que l'instant simple est incapable, selon Proust, de contenir quelque chose comme un *cogito*[5]. Tout cela nous induit à « soupçonner *dans l'essence même du présent une imperfection incurable*[6] ».

Il s'agit là d'une proposition ontologique fondamentale, d'un véritable axiome de la pensée proustienne. Le présent ne se suffit pas à

1 *Physique*, IV, 11, 218 b 25-26 : les dormeurs à leur réveil « relient, en effet, l'instant d'avant à celui d'après et en font un seul ». Tr. H. Carteron, Paris, Les Belles-Lettres, 1961, p. 149.

2 Voir à ce sujet les « Notes sur les *Méditations* de Descartes », dans : Maine de Biran, *Œuvres*, Paris, Vrin, t. XI, 1 (1990), édité par Christiane Frémont, p. 78, 88, 95 et p. 79 : « Le *sentiment* de l'existence du moi comprend donc indivisiblement celui de la force agissante et du corps organisé à qui elle est constamment appliquée ». Voir aussi Dimitri Voutsinas, *La Psychologie de Maine de Biran*, Paris, SIPE, 1964. Appendice, p. 318-325 : « Maine de Biran critique des *Méditations* cartésiennes ».

3 *S.*, I, p. 8.

4 *S.*, I, p. 6.

5 Pour bien voir l'opposition frontale avec Descartes, on se reportera au livre de Jean Wahl, *Du rôle de l'idée d'instant dans la philosophie de Descartes*, Paris, Vrin, 1953.

6 *Les Plaisirs et les jours*, p. 139. Nous soulignons.

soi-même ; il a besoin d'un étai, de l'appui d'un passé qui lui permet tout simplement d'*être*. Cet axiome nous permet de comprendre une autre proposition non moins fondamentale, ontologique elle aussi, qui en est la conséquence : « *La réalité ne se forme que dans la mémoire*[1] ». La mémoire est cette faculté ontologique qui donne à la subjectivité son être. Un vivant qui serait dépourvu de mémoire passerait son temps à oublier qu'il est soi-même ; il ne serait *personne* au bout du compte, c'est-à-dire un rien. À la limite, la mémoire prend chez Proust une véritable dimension métaphysique, même si la dimension surnaturelle de la thèse se trouve atténuée par un « peut-être » :

> La résurrection au réveil [...] doit ressembler au fond à ce qui se passe quand on retrouve un nom, un vers, un refrain oublié. *Et peut-être la résurrection de l'âme après la mort est-elle concevable comme un phénomène de mémoire*[2] ».

La vie sans mémoire, la vie réduite au présent, nous pouvons en avoir malgré tout quelque expérience, encore qu'approchée, dans le phénomène de l'ivresse. Sous l'effet de l'alcool en effet, le narrateur se sent « enfermé dans le présent[3] », « collé à la sensation présente[4] » ; sa vie est rétrécie ; sans passé, il est aussi sans avenir : « Mon passé ne projetait plus devant moi cette ombre de lui-même que nous appelons notre avenir[5] ». L'ivresse amoindrit, déréalise ; l'homme sans mémoire est un être à sa limite d'évanouissement.

Proust, dans une lettre, s'oppose au conseil de Vigny d'aimer ce que jamais on ne verra deux fois ; au contraire, affirme-t-il, « je n'aime que ce que je peux toujours revoir[6] ». Il aurait pu tout aussi bien se démarquer de l'exigence baudelairienne de « trouver du nouveau » : pour lui en effet le nouveau ne saurait être qu'un renouveau puisque, comme l'écrit Proust à son banquier et ami Lionel Hauser, « Je ne m'habitue pas aux choses qui finissent[7] ». La constitution proustienne de la réalité de l'*ego* par la mémoire peut encore s'illustrer par l'amour du narrateur de la *Recherche* pour les étymologies ; c'est le Professeur Brichot qui en

1 *S*, I, p. 182. Nous soulignons.
2 *C G*, II, p. 387. Nous soulignons.
3 *J F F*, II, p. 172.
4 *Ibid.*, p. 173.
5 *Ibid.*, p. 172.
6 *Corr.*, K, XIX, p. 577. Lettre 313 à Miss Barney, 7 novembre 1920.
7 *Ibid.*, p. 40. Lettre 3, 1er janvier 1920.

général se charge, avec un brin de pédantisme, de les exposer, comme par exemple celle de Balbec[1]. Mais, sous la cocasserie de la scène, l'enjeu est des plus sérieux[2] ; en effet, qu'est-ce que l'étymologie sinon les mots qui se souviennent ? Ainsi le langage, que nous parlons sans y penser, est-il toujours lesté d'une vie ancienne que, sourdement, nous sentons. Et quand le langage est employé par l'art et devient style, alors « chaque mot prend un sens d'éternité[3] ». Les instruments de la recherche du temps perdu – les mots, les noms – réceptacles d'un passé séculaire, prêtent leur force d'évocation à l'écriture du narrateur, ainsi qu'à « la terrible puissance recréative de sa mémoire[4] ». Ils recèlent en effet en eux, quand nous les proférons, les donnons à lire, « ces dessous profonds du présent[5] ».

Les textes que nous venons de rappeler paraissent tout à fait clairs, et pourtant une thèse qui s'inscrit en faux sur la capitale importance de la mémoire chez Proust a été soutenue dans un livre souvent cité, celui de Gilles Deleuze, intitulé *Proust et les signes*, lequel s'ouvre sur un défi porté à la *communis opinio*, défi qu'il convient de citer : « En quoi consiste l'unité de *À la recherche du temps perdu* ? Nous savons du moins en quoi elle ne consiste pas. Elle ne consiste pas dans la mémoire, dans le souvenir, même involontaire. L'essentiel de la *Recherche* n'est pas dans la madeleine ou les pavés[6] ». Évidemment, le titre même de l'œuvre, *À la recherche du temps perdu*, semble contredire d'emblée cette thèse paradoxale. Deleuze affirme alors que « temps perdu » signifierait surtout le temps gaspillé (dans les distractions, les conversations, la mondanité) « comme dans l'expression *perdre son temps*[7] ». Cette thèse, encore que péremptoire, est à première vue séduisante, et pique l'attention du lecteur, qui se prend à sourire de la candeur des interprètes qui ont précédé celle-ci. Malheureusement pour elle, Proust la contredit absolument, et nous révèle du même coup qu'elle n'est pas nouvelle. Il écrit en effet,

1 *S G*, III, p. 327 *sqq*.
2 Voir *ibid.*, p. 340 : « C'était justement les choses que m'apprenait Brichot qui m'intéressaient ».
3 *Corr.*, K, XXI, p. 220. Lettre 155, à Binet-Valmer, 24 mai 1922.
4 *S*, I, p. 362.
5 *J F F*, I, p. 551.
6 Paris, PUF, 1998 (2e éd.), p. 9.
7 *Ibid.* On peut penser à ce propos à une remarque malicieuse de Proust dans *Le Côté de Guermantes*, II, p. 760 : « Chaque génération de critiques se borne à prendre le contrepied des vérités admises par leurs prédécesseurs ».

dans une lettre à André Gide, ceci : « Quant à mon titre général, *À la recherche du temps perdu*, l'explication qu'en a donnée Monsieur Ghéon m'a vraiment porté malheur[1] ». Cette « explication », citée en note par Philip Kolb, se trouve dans un article d'Henri Ghéon paru dans *La NRF* du 1er janvier 1914 et s'énonce ainsi : « Voilà une œuvre de loisir. [...] On sent que M. Marcel Proust a devant lui tout le temps qu'il faut. [...] Tout le temps est à lui : il en profite à sa façon ; il le considère d'avance comme du temps perdu ». Dans la suite de la lettre, Proust déplore cette interprétation : « Il n'est plus un critique, hollandais ou breton, qui ne me "réserve", en moins bon langage, ces reproches[2] ». Enfin, Proust précise sans ambiguïté le sens exact du titre : « Il semble bien pourtant que "Temps perdu" signifie "Passé", et puisque j'annonçais le troisième volume sous le titre *Le Temps retrouvé*, c'était bien dire que j'allais *vers* quelque chose[3] ». Ajoutons que le « temps perdu », dans le sens proustien, peut se retrouver, tandis que « le temps qu'on perd », au sens deleuzien, ne se rattrape jamais. Bien sûr, on pourrait rappeler l'anecdote de Mounet-Sully, répliquant à Coquelin qui lui reprochait de jouer *Le Misanthrope* comme un drame alors que Molière le jouait en pièce comique : « Hé bien, c'est que Molière se trompait », et nous rétorquer que Proust se trompait... Mais il nous semble que Deleuze lui-même ne l'aurait pas dit.

Ainsi donc, c'est la mémoire qui constitue le moi ; le sujet n'existe que par la répétition de deux instants différents du temps au cours desquels il éprouve son identité[4]. Il est par le souvenir d'avoir été. Il faut noter pourtant que cette répétition n'est pas une simple réitération mécanique, comme celle qui consisterait à revenir simplement sur les lieux de notre enfance,

1 *Corr.*, K, XIII, p. 247. Lettre 139, juin 1914.

2 Kolb signale (*op. cit.*, p. 251) que l'interprétation de Ghéon est reprise par F. Jean-Monique, dans *L'Effort Libre*, mai 1914 : « Cinq cent vingt-trois pages de texte serré à la recherche du temps perdu ! Il faut avoir du temps à perdre ».

3 *Ibid.*, p. 247. Ce texte est confirmé par un autre, où Proust répond à Lionel Hauser qui, évoquant sa « recherche du temps perdu », évoque en plaisantant « le temps que tu aurais gagné » (*Corr.*, K, XVII, p. 130). Réponse de Proust : « Tu m'as écrit une lettre étincelante d'esprit sur la *Recherche du temps perdu.* Comme tu le supposes bien, ce n'est pas dans ce sens que le mot est pris dans l'ouvrage en question où il signifie le Passé, et aussi quelque chose de plus » (*Ibid.*, p. 133. Lettre 46, mars 1918). Le sens proustien de « temps perdu » se lit encore dans un passage du *Temps retrouvé*, où le narrateur évoque l'impression que lui donne le « Bal de têtes » : « Dès mon entrée dans le salon, quand les visages grimés m'avaient donné la notion du temps perdu » (IV, p. 612).

4 *T R*, IV, p. 559.

ou encore, après avoir admiré comme « à travers un vitrail illuminé[1] » la jeune porteuse de lait qui vous tend un bol quand le train s'ébranle, fait songer à des plans « qui me permettraient un jour de reprendre ce même train et de m'arrêter à cette même gare[2] ». Cette reprise extérieure et passive des mêmes circonstances ne peut en rien faire renaître la belle apparition, car elle « ne nous apprend rien sur son essence, mais nous évite la fatigue de la recréer en nous-même[3] ». La vraie réitération des scènes extérieures, en les intériorisant, a pour effet de faire naître le sujet, de le construire ; avant elle, la vie n'est qu'un pur pâtir ; après elle, la vie se connaît parce qu'elle se reconnaît. Elle atteint alors son être propre, nous permettant d'être ce qu'on était[4], tout comme elle atteint la vérité des choses qui nous entourent : « Les fleurs qu'on me montre aujourd'hui pour la première fois ne me semblent pas de vraies fleurs[5] ».

LA SENSATION

Indubitablement, l'œuvre de Proust opère une réhabilitation du sentir. Cette importance, cette priorité même accordées à la sensation a incité Georges Poulet à opérer un rapprochement, sur ce point particulier bien sûr, entre Proust et Condillac[6]. En cela Proust s'oppose à tout un courant philosophique qui a cherché à dévaloriser, dans une mesure plus ou moins large, la sensation. Ainsi chez Platon, le monde sensible représente l'univers héraclitéen de la fluence et du changement ; il s'oppose donc à la stabilité de l'être pleinement être. Descartes, dans la célèbre analyse

1 *J F F*, II, p. 17-18.

2 *Ibid.*, p. 18.

3 *Ibid.*, p. 19.

4 « Être ce qu'on était » : on notera que c'est là un des noms de l'essence pour Aristote.

5 *S*, I, p. 182.

6 « En nous ramenant ainsi, à travers le passé, jusqu'à l'impression primitive, Proust nous fait songer à Condillac ». *Études sur le temps humain*, Paris, Plon, 1950, p. 378. Mais bien sûr, il faut borner là le rapprochement, car la statue de Condillac ne possède assurément que l'intériorité d'un appareil photographique, laquelle est récusée par le narrateur : « Cette parole me choqua comme méconnaissant la façon dont se forme en nous les impressions artistiques, et parce qu'elle semblait impliquer que notre œil est dans ce cas un simple appareil enregistreur qui prend des instantanés » (*C G*, II, p. 813).

du morceau de cire de la *Seconde Méditation*, montre que les qualités sensibles ne sauraient constituer la réalité d'une chose, laquelle dans son essence n'est « rien autre chose qu'une certaine étendue » inséparable de cette chose. Enfin Hegel, interrogeant dans la *Phénoménologie de l'Esprit* la « certitude sensible », montre que cette certitude n'est pas une vérité, et qu'en elle-même elle s'abuse. En effet, lorsqu'elle veut exprimer la certitude qu'elle pense être la sienne, et qu'elle veut dire ce qui constitue sa certitude propre, à savoir la particularité du *hic et nunc*, de l'ici et du maintenant, elle exprime au contraire le général, puisque « ici » et « maintenant », loin d'être irréductiblement singuliers, conviennent tout aussi bien à *tous* les ici et à *tous* les maintenant. Le but de la certitude sensible, qui était d'atteindre le particulier en tant que tel, est donc manqué, car si j'écris : « maintenant il fait nuit », demain matin l'énoncé sera inadéquat ; or, remarque Hegel, « une vérité ne perd rien à être écrite[1] ». Ainsi la sensation se voit-elle traitée par les philosophes, à l'exception notable d'Aristote, le plus souvent avec dédain.

C'est alors son opposition frontale à une tradition philosophique forte qui incite le narrateur de la *Recherche* à désespérer de sa vocation d'écrivain. Qu'a-t-il en effet à proposer au lecteur ? Des sensations semblables à celle qu'étant encore enfant il éprouvait « dans un petit pavillon treillissé de vert, assez semblable aux bureaux d'octroi désaffectés du vieux Paris [...], une fraîche odeur de renfermé[2] ». Or, cette odeur produit chez le jeune garçon « un plaisir consistant auquel je pouvais m'étayer, délicieux, paisible, riche d'une vérité durable, inexpliquée et certaine[3] ». Il vient de s'apercevoir que cette sensation possède un point d'ancrage dans son passé, et que cette odeur « de frais, sentant presque la suie, du pavillon treillagé [...] était celle de la petite pièce de mon oncle Adolphe, à Combray, laquelle exhalait en effet le même parfum d'humidité[4] ». Et c'est avec une déception amère que le narrateur doit convenir de sa médiocrité, de son inaptitude à devenir écrivain puisque « une véritable exaltation m'avait été

1 Tr. J. Hyppolite, Paris, Aubier, t. I, p. 83. Cette dévalorisation de la sensation est encore clairement exprimée dans l'*Encyclopédie des sciences philosophiques en Abrégé* : « La *pensée* est ce que l'homme a *de plus propre*, et par quoi il se différencie de la bête, tandis qu'il a en commun avec celle-ci le sentir ». Tr. B. Bourgeois, Paris, Vrin, 2012, p. 446.

2 *J F F*, I, p. 483.

3 *Ibid.*

4 *Op. cit.*, I, p. 485.

communiquée, *non par quelque idée importante, mais par une odeur de moisi*[1] ». Et c'est pourquoi, déclare-t-il, « il me sembla que je méritais vraiment le dédain de M. de Norpois[2] ».

Une odeur de moisi ! non seulement de telles impressions sont modiques, mais encore elles relèvent de la misère de la singularité, de sa radicale insuffisance[3]. Il faudra donc à Proust un véritable courage, et une grande indépendance d'esprit, pour placer au centre de sa pensée une expérience profondément enfoncée dans la vie sensible. Il n'y a pas, dans la *Recherche*, que la peinture de la vie sociale – si aiguë et si drôle soit-elle – il y a aussi l'évocation enchantée de la nature et de ses paysages, du temps qu'il fait, des choses concrètes et de tout le quotidien de la vie : « Moi qui ne m'étais jusqu'ici jamais éveillé, s'écrie le narrateur, sans sourire aux choses les plus humbles, au bol de café au lait, au bruit de la pluie, au tonnerre du vent[4] ». Le mot important de la phrase est bien sûr le mot « humble », qui désigne ici l'humilité de la vie sensible, si dévalorisée par la pensée classique, et à laquelle il faut revenir comme à une source[5]. On peut en effet, par une inspiration toute franciscaine, demeurer en extase à la perception « d'une pierre où jouait un reflet, un toit, un son de cloche, une odeur de feuilles[6]... » Et cela non par complaisance à la banalité, par acquiescement aux facilités de l'habitude, par résignation passive, mais parce qu'« il y a peut-être du mystère dans la vie de tous les jours[7] ». Un exemple suffira pour évoquer la honte qu'éprouve le narrateur à confesser la source de ses émotions artistiques, tant celle-ci est minime, surprenante par sa modicité. On pourrait en effet l'accuser de snobisme en voyant son assiduité à fréquenter

1 *Ibid.* Nous soulignons.
2 *Ibid.*
3 Voir *Esquisse* LXVII, I, p. 879 : « Ce n'était pas des impressions de ce genre qui pouvaient me redonner quelque confiance dans mon avenir littéraire. Car elles étaient toujours liées à un objet particulier, sans aucun intérêt intellectuel, qui ne se rapportait à aucune loi philosophique ».
4 *S G*, III, p. 502.
5 On lira, dans la traduction proustienne de *Sésame et les Lys*, le plaidoyer de Ruskin pour la sensation (*op. cit.*, § 27, p. 175).
6 *S*, I, p. 177.
7 *P*, III, p. 866. Et inversement, les salons luxueux ne livrent rien d'essentiel à ce faux mondain qu'est le narrateur : « Je pensais par contraste au *néant d'impressions* qu'avaient apporté dans ma vie les fêtes les plus somptueuses dans les hôtels les plus princiers » (*T R*, IV, p. 459). Nous soulignons.

l'hôtel de Mme de Montmorency, au Faubourg Saint-Germain, mais il n'en est rien. Ce qui le fascine, c'est « le grand escalier humide et sonore, plein d'échos [...], et surtout le tintement de la sonnette. [...] Ce tintement mettait le comble à mon enthousiasme, mais *me semblait trop humble* pour que je le pusse expliquer à Mme de Montmorency, de sorte que cette dame me voyait toujours dans un ravissement dont elle ne devina jamais la cause[1] ».

Sa réhabilitation du sensible explique le goût de Proust pour la peinture de Chardin[2] qui, dit-il, « nous rapproche du cœur des choses[3] ». Il y analyse quelques-unes de ses « natures mortes », que l'allemand et l'anglais, mieux inspirés que le français, nomment des « vies tranquilles ». En elles, « le spectacle de la vie humble[4] » est une leçon de beauté[5] ; par elles, les fruits vivent comme des personnes, et les personnes prennent la peau et la couleur des fruits. Sur la table de la salle à manger, on voit le « bénitier rugueux de l'huître dans lequel restent quelques gouttes d'eau salée[6] ». Êtres et choses tissent, dans l'atmosphère d'un tableau de Chardin, des liens d'amitié qui nous laissent deviner que la vie sensible recèle des secrets et qu'elle a quelque chose à nous dire : pour lui comme pour nous, « les métaux et les grès s'animeront et les fruits parleront[7] ». N'est-ce pas là le message que le narrateur de la *Recherche* attendra de tous les médiateurs sensibles qui viendront lui parler du passé, le message de leur vie tranquille qui parle à notre vie inquiète ? À la base de tout art n'y a-t-il pas, comme d'ailleurs l'indique le mot d'« esthétique », une sensation ? Sa modicité apparente produit pourtant la poétisation du réel, un enchantement de la vie. Et de plus, la sensation

1 *S G*, III, p. 147-148. Nous soulignons. Il ne s'agit pas ici d'un exemple isolé, puisque le narrateur avoue par ailleurs que « les impressions qui donnaient pour moi leur valeur aux choses étaient de celles que les autres personnes ou n'éprouvent pas, ou refoulent sans y penser comme insignifiantes » (*ibid.*, p. 339).

2 Chardin auquel il consacre une étude qu'il nomme « de philosophie de l'art », écrite en 1895. Voir *Essais et articles*, p. 885.

3 *Op. cit.*, p. 382.

4 *Ibid.*, p. 374.

5 Voir une lettre de Proust à Madame de Pierrebourg : « Après que Chardin m'eut appris que les plus humbles choses, une nappe, un couteau, un poisson mort, peuvent avoir de la beauté » (*Corr.* K, XII, p. 195. Lettre 87 du 6 juin 1913).

6 *C G*, II, 416. L'image était déjà présente dans *J F F*, où les huîtres sont aussi « de petits bénitiers de pierre » (II, p. 224).

7 *Essais et articles*, p. 374.

la plus simple possède une valeur ontologique que n'a pas le concept abstrait, puisque celui-ci n'exprime toujours qu'une existence possible alors que celle-là pose un être dans sa présence. Or, percevoir l'être, c'est se situer d'emblée dans la beauté, et par suite le simple fait de sentir a rapport avec l'émotion artistique : « C'était un de ces moments paisibles », lit-on dans *Jean Santeuil*, « où les choses sont comme environnées de *la beauté qu'il y a à être*[1] ».

L'IMPRESSION PROPREMENT DITE

Ces extases sensorielles, le narrateur de la *Recherche* les désigne de préférence par le terme d'*impression* plutôt que par celui de sensation. Si bien que l'impression est, pour Proust, un véritable concept philosophique[2], dans sa dimension psychologique mais aussi esthétique et même, nous le verrons, métaphysique. L'impression, en effet, est à la base des révélations de la mémoire involontaire ; elle en est l'occasion fournie par le hasard, mais aussi le support ; en apparence fragile, mais en réalité d'une résistance presque invincible. Elle est semblable au caractère de Proust qui dit de lui-même, en citant Joubert : « Derrière la force de beaucoup de gens, il y a de la faiblesse. Derrière ma faiblesse, il y a de la force[3] ». En termes logiques, l'extension de la notion de sensation est plus large que celle de la notion d'impression. Autrement dit, toutes les sensations ne sont pas des impressions, mais toutes les impressions ont pour base une sensation. Dans le *continuum* sensoriel, l'impression est comme une pause ; elle introduit un événement privilégié, rare et

1 *Op. cit.*, p. 320. Nous soulignons. Toute la page est à lire, qui se termine ainsi : « Les choses sont si belles d'être ce qu'elles sont, et l'existence est une si calme beauté répandue autour d'elles ! »

2 Ainsi, lorsqu'il est question d'élaborer un Dictionnaire des personnages de la *Recherche*, sur le modèle de celui de *La Comédie humaine* de Balzac, Proust demande qu'il soit fait « en laissant une certaine place à l'histoire des impressions » (*Corr.*, K, XX, p. 264. Lettre 143, à J.-L. Vaudoyer, 14 mai 1921). Étant donné l'importance de ce concept, on peut déplorer que le terme ne figure même pas dans le lexique *Les Mots de Proust* de Thomas Spitters, Nantes, éd. Pleins Feux, 2005.

3 *Corr.*, K, IX, p. 21. Lettre 3, à G. de Lauris, 15 janvier 1909. Proust écrira à Sydney Schiff : « Vous ne soupçonnez pas mon énergie » (K, XIX, p. 434. Lettre 212, septembre 1920).

comme parfait en lui-même, qui donne envie de le sauver de l'oubli. Il s'agit donc de préciser le caractère spécifique de l'impression proustienne, en commençant par énoncer ce qu'elle n'est pas.

Le narrateur dit du front d'Albertine : « Par sa blancheur, il mordait fortement dans mes regards[1] ». On voit que la blancheur du front, ici, *fait impression.* Mais comment le fait-elle ? On pourrait penser à la théorie platonicienne de l'impression, qui compare l'âme à une tablette de cire : la sensation grave alors dans la cire l'empreinte des choses, « comme avec un cachet[2] », et cause l'impression dans l'âme. Et cela n'a rien d'étonnant puisque les sensations secouent fortement le corps : Platon va jusqu'à parler à leur propos de « séismes qui ébranlent le corps[3] ».

Une telle théorie de l'impression-empreinte n'est chez Platon qu'une métaphore ; elle sera prise au sérieux, et perfectionnée, par la psycho-physiologie mécaniste et matérialiste, et ce n'est certes pas à celle-ci que Proust se réfère quand il parle de l'impression. Et puisqu'il n'en donne pas de définition didactique[4], il nous reste à repérer quelques évocations à propos desquelles Proust parle nommément d'*impressions*, soit dans ses propres textes, soit dans ses lectures.

Ainsi, l'un de ses poètes préférés, Francis Jammes[5], est apprécié de Proust non pas pour la rigueur de la composition de ses poèmes, mais parce que « la cellule même, l'atome, c'est-à-dire l'épithète et l'image sont d'une profondeur et d'une justesse que personne n'atteint. Au fond de nous, nous sentons bien que les choses sont ainsi, mais nous n'avons pas la force d'aller jusqu'à ce fond extrême où gît la vérité, l'univers réel, *notre impression authentique*[6] ». Et ailleurs il donne en exemple *l'Élégie d'automne* de Francis Jammes lui-même :

---

1 *J F F*, II, p. 282.

2 *Théétète*, 191 d.

3 *Tôn séismôn tôn tou sômatos. Philèbe*, 33 e.

4 *La Prisonnière*, III, p. 876.

5 Voir *Corr.*, K, XII, p. 125. Lettre 51, à Mme A. Daudet, 2 avril 1913 : « Je ne peux pas dire combien je l'admire (F. Jammes). Le sentiment que j'ai pour son œuvre, qui se manifeste par des lectures, des méditations quotidiennes, est un fait de mon existence. » Et encore (K, XIII, p. 26. Lettre 3, à Henri Ghéon, 2 janvier 1914) : « L'écrivain contemporain que j'admire le plus, M. Jammes ». On pensera aussi au témoignage de J. de Lacretelle : « Une seule fois, je le revis dans une pareille extase : c'était quand il me parlait de Francis Jammes et du *Roman du Lièvre* » (« Les clefs de l'œuvre de Proust », dans *Hommage à Marcel Proust, Les Cahiers Marcel Proust*, I, Paris, Gallimard, 4° éd., 1927, p. 189).

6 *Corr.*, K, XII, p. 37. Lettre 9, à Louis de Robert, 25 janvier 1913. Nous soulignons.

La grive sur un cerisier près de la vigne abandonnée
Se pose et les sentiers ruissellent de feuilles de châtaigniers
Il n'y a que du brouillard et un silence tout étonné[1].

On peut citer aussi, en ce sens, un passage de *Clara d'Ellébeuse*, où Jammes prononce le terme même d'*impression* : « Clara d'Ellébeuse entre dans la chapelle. Une impression glaciale la saisit. Il lui semble que des gouttes de pluie se glissent le long de son corps tiède, car sous son lierre et ses briques, sous l'azur torride, la chaumière de Dieu a fraîchi comme une cruche[2] ».

On voit que ce qui distingue l'impression, au sens propre, d'une sensation banale et terne, c'est qu'elle est, dit Proust, en plus d'un affect sensoriel, « une impression d'enchantement poétique[3] ».

La meilleure façon de savoir ce que Proust entend par « impression » est encore, faute de définition didactique de sa part, d'en donner quelques exemples, auxquels l'enchantement poétique d'ailleurs ne manque pas : « J'ai rencontré sur la digue de Cabourg Lucy Gérard. C'était un soir ravissant où le coucher du soleil n'avait oublié qu'une couleur : le rose. Or sa robe était toute rose et de très loin mettait sur le ciel orangé la couleur complémentaire du crépuscule. Je suis resté bien longtemps à regarder cette fine tache rose, et je suis rentré, enrhumé, quand je l'ai vue se confondre avec l'horizon à l'extrémité duquel elle fuyait comme une voile enchantée[4] ».

Cette évocation nous permet d'avoir une idée plus précise du travail de l'impression. Un peintre n'aurait eu, autour de la tache rose, qu'à brosser la digue et l'orangé du ciel dans le soleil couchant, où se vaporise la silhouette évanescente de la jeune femme… La nature a commencé une œuvre d'art, mais comme elle a « oublié » une couleur,

1 Cité dans K, X, p. 249. Lettre 119, à Reynaldo Hahn, 21 février 1911.

2 *Clara d'Ellébeuse, ou l'histoire d'une ancienne jeune fille.* Orthez Atlantica, éd. du Centenaire, 1999, p. 21. On lira la Lettre à Lucien Daudet du 1er février 1918, où Proust écrit : « Je n'aime rien tant que *Clara d'Ellébeuse* » (*Corr.*, K, XVII, p. 90. Lettre 27).

3 *Corr.*, K, XIII, p. 108. Lettre 48, à André Gide, 6 mars 1914.

4 *Ibid.*, VIII, p. 200-201. Lettre 108, à Louisa de Mornand, août 1908. Nous ne résistons pas au plaisir de citer aussi une autre lettre de Proust à la même, dont ce passage évoque encore l'enchantement poétique d'une impression : « Si vous allez voir la pauvre petite église de Criquebœuf toute pelotonnée sous son lierre, dites-lui de tendres choses de ma part et aussi à un vieux poirier, cassé mais infatigable comme une vieille servante, qui maintient de toute la force de ses bras tordus par l'âge mais encore verts une petite maison du village avoisinant, à l'unique fenêtre de laquelle sourient souvent de jolies figures de petites filles » (*ibid.*, V, p. 301. Lettre 152, 14 juillet 1905).

elle invite, dirait-on, l'artiste à la terminer. Telle est l'impression. On nous objectera sans doute que Proust, dans le texte cité, ne prononce pas le terme d'*impression*. Tournons-nous alors vers une lettre de juillet 1913, où Proust évoque « *une bien vraie impression* qu'Alphonse Daudet [...] avait ressentie un matin déjà brûlant d'été où, passant en voiture, peut-être Place de la Concorde, il avait rencontré une énorme voiture de légumes. Et dans le sillage de la fraîcheur que dégageait la voiture de légumes se tenait, invinciblement, un adorable petit papillon bleu, altéré d'humidité, extasié et qui, à chaque changement de direction de la voiture, modifiait son vol pour rester dans la zone des délices de l'imbibition[1] ».

Là encore, nous constatons que la chose vue appelle, en quelque façon, la description littéraire, que le spectacle fait les premiers pas vers le livre, éveille la sensibilité de l'artiste et lui fournit son thème. Ici encore, le hasard fait des avances à l'écrivain. La « bien vraie impression », tout le contraire de « l'impression fausse » de Verlaine, est « l'impression vraiment sentie[2] » telle que Proust la reconnaît chez Jules Renard. Il l'oppose à ceux qui, « ne pouvant approfondir leur sensation, au lieu d'insister, de chercher ce qu'il y a dedans, ne s'obstinent pas, glissent ailleurs [...]. Lui, approfondit, saisit la vérité cachée dans la sensation[3] ».

L'impression est donc la profondeur de la sensation. Elle nous propose l'ébauche de l'art, don du hasard, et l'esquisse de la solution. À l'artiste de découvrir l'énigme qui se cache au dessous. L'impression est une sensation qui cache quelque chose, un quelque chose dont elle est en même temps l'annonciatrice. Face aux impressions, on ne peut donc que « tâcher d'apercevoir ce qui se cachait derrière elle[4] », car elles se signalent à notre attention par la délectation qu'elles nous procurent : « Je sentais affluer du fond de moi quelqu'une de ces impressions qui me donnaient un bien-être délicieux[5] ». L'impression cache et attire à la fois, et Proust exprime sa nature par une métaphore. Il évoque la ligne du toit, la nuance de la pierre, et déclare que des impressions de

1 *Ibid.*, XXI, p. 654. Lettre 487 à André Foucart. Nous soulignons.

2 *C G*, II, p. 571.

3 *Essais et articles*, p. 396. Proust insiste sur ce lien entre impression et vérité : « Seule l'impression, si chétive qu'en semble la matière, si insaisissable la trace, est un criterium de vérité » (*T R*, IV, p. 458).

4 *Swann*, I, p. 177.

5 *J F F*, II, p. 95.

ce genre « m'avaient semblé pleines, prêtes à s'entr'ouvrir, à me livrer ce dont elles n'étaient qu'un *couvercle*[1] ».

L'impression est donc une invitation, mieux, une véritable annonciation, un appel à la réponse de celui qui en est affecté, un appel à la reconnaissance. « Je sentais, dit le narrateur, que je n'allais pas *au bout de mon impression*, que quelque chose était derrière ce mouvement, derrière cette clarté, quelque chose qu'ils semblaient contenir et dérober à la fois[2] ». La sensation simple ne livre qu'elle-même et demeure faible ; lorsqu'elle recouvre autre chose elle se renforce, mobilise un affect et devient impression, « car nos *sensations* pour être fortes, ont besoin de déclencher en nous quelque chose de différent d'elles, un *sentiment*[3] ». L'impression proustienne peut alors être définie strictement comme une sensation épaulée par un sentiment.

Il y a donc non pas seulement quelque chose, mais bien aussi quelqu'un derrière l'impression. Mais qui donc ? Il est encore trop tôt pour le dire, et même pour le chercher. Il faut d'abord creuser la nature de l'impression à la lumière de l'Impressionnisme pictural, qui assurément a exercé sur Proust une influence profonde.

IMPRESSION ET SENTIR ORIGINAIRE

La peinture fut pour Proust un véritable paradigme. Pour s'en convaincre, il n'est que de feuilleter le bel ouvrage d'Éric Karpeles, où l'auteur a donné la reproduction de tous les tableaux auxquels le narrateur

1 *S*, I, p. 176. Nous soulignons.

2 *S*, I, p. 178. Nous soulignons. L'*invitation* qu'est l'impression s'énonce encore en toute clarté en un passage qui évoque la photographie où Proust, un doigt sur la joue, le regard extasié, est à l'écoute de ses voix intérieures venues des choses : « Tout d'un coup un toit, un reflet de soleil sur une pierre, l'odeur d'un chemin me faisait arrêter par un plaisir particulier qu'ils me donnaient, et aussi parce qu'ils avaient l'air de cacher, *au-delà de ce que je voyais, quelque chose qu'ils m'invitaient à venir prendre* et que malgré mes efforts je n'arrivais pas à découvrir. Comme je sentais que cela se trouvait en eux, je restais là, immobile, à regarder, à respirer, à tâcher d'aller avec ma pensée au-delà de l'image ou de l'odeur » (*ibid.*, p. 176). Nous soulignons.

3 *A D*, IV, p. 134. Nous soulignons. La simple sensation aussi peut être insignifiante, alors que l'impression signifie : « Ces odeurs ne sont pas cependant dépourvues de significations comme le sont les sensations qui n'ont pas de racines dans notre passé » (*S*, I, Esquisse LXXVI, p. 952).

fait allusion dans la *Recherche*[1]. Cet ouvrage, gros de plus de deux cents illustrations, montre l'immense culture picturale de Proust et la passion qui l'a poussé à visiter musées et expositions[2], à une époque où les reproductions de tableaux étaient surtout des photographies en noir et blanc. La scène grandiose de la fin de Bergotte, mort pour avoir voulu à toute force aller admirer une exposition des tableaux de Ver Meer, souligne la parenté profonde entre l'écriture littéraire et la technique picturale. Bergotte regarde le « précieux petit pan de mur » de la *Vue de Delft*[3], dont la couleur jaune le fascine : « C'est ainsi que j'aurais dû écrire, disait-il. Mes derniers livres sont trop secs, il aurait fallu passer plusieurs couches de couleur, rendre ma phrase en elle-même précieuse, comme ce petit pan de mur jaune[4] ».

Mais, en ce qui concerne la genèse de la notion proustienne d'*impression*, c'est bien évidemment du côté de l'impressionnisme[5] qu'il faut se tourner. Il est d'ailleurs étonnant de constater que le narrateur traite la *Vue de Delft*, dont nous venons de parler, un peu comme un tableau impressionniste en étant exclusivement attentif à une tache colorée et lumineuse du tableau, le petit pan de mur jaune[6]. La légitimité du rapprochement entre peinture impressionniste et littérature est d'ailleurs attestée par Proust lui-même, lui qui appelle Edmond de Goncourt un « véritable

1 *Le Musée imaginaire de Marcel Proust. Tous les tableaux de « À la Recherche du temps perdu »*. Trad. fr. de P. Saint-Jean, Thames and Hudson, Paris, 2009.

2 Par exemple l'exposition des « Vues de Venise » de Monet (*Corr.*, K, XI, p. 141). En revanche, Proust n'a pas vu de Cézanne, du moins jusqu'en 1919 (voir *ibid.*, XVIII, p. 268. Lettre 124 à Jean Cocteau, juin 1919 : « Malheureusement, je n'ai jamais vu de Cézanne »). Proust consultait aussi des reproductions : « Il n'y a pas de jour que je ne regarde des reproductions de Carpaccio » (*ibid.*, XV, p. 58. Lettre 19 à Mme de Madrazo, 17 février 1916).

3 « Le plus beau tableau du monde » d'après Proust (*ibid.*, XX, p. 226. Lettre 117, à J.-L. Vaudoyer, 1er mai 1921).

4 *La Prisonnière*, III, p. 692.

5 Ce néologisme a été forgé par Louis Leroy, dans un article du 25 avril 1874 (voir S. Monneret, *op. cit.*, p. 445). « Je n'écris que quand j'ai une impression », dira Taine dans le *Voyage en Italie*, c'est-à-dire dix ans avant le fameux tableau de Monet « Impression. Soleil levant » (Voir S. Monneret, *op. cit.*, p. 932). « L'impression juge la sensation », écrivent les frères Goncourt en1861 (*Journal*, Paris, R. Laffont, « Bouquins », 1989, t. I, p. 717). On se référera aussi, pour souligner l'osmose entre littérature et peinture impressionniste, à l'étude de Jules Laforgue intitulée « L'œil impressionniste » (*Revue Blanche*, 1895).

6 Pissaro, lors d'un voyage en Hollande en 1898, parle d'ailleurs de cette « Vue de Delft de Van der Meer, chef-d'œuvre qui se rapproche des impressionnistes » (cité dans Sylvie Monneret, *L'impressionnisme et son époque, Dictionnaire international*, Robert Laffont, « Bouquins », Paris, t. I, p. 667).

romancier impressionniste[1] ». Le personnage emblématique de la peinture dans la *Recherche*, Elstir, est un peintre impressionniste[2], et bien que sa figure soit un amalgame de traits empruntés à plusieurs peintres impressionnistes, son nom ELSTIR, est l'anagramme de WHISTLER, à condition de faire abstraction des deux premières lettres du nom du peintre américain, considéré comme l'un des pères de l'impressionnisme en Europe[3]. Lors du procès Ruskin-Whistler, ce dernier, interrogé sur le sens des titres de ses tableaux, répondra : « Ce sont tous des impressions[4] ». Or, le principe fondamental de la peinture impressionniste, si toutefois l'on peut tenter d'en réduire la complexité, est bien celui d'un retour au sentir originaire, lequel se situe en-deçà des constructions intellectuelles dont s'habille l'activité de l'esprit dans la perception habituelle. Habituelle et habituée, car la première de ces alluvions qui recouvrent le sentir originaire est bien celle qui est déposée par l'habitude. La conception proustienne de l'habitude accorde à cette faculté une action à la fois positive et négative. Positive tout d'abord par la force qu'on lui reconnaît, « la force immense de l'Habitude[5] ». Mais l'habitude aussi oblitère le sentir dans la fraîcheur de son jaillissement, et en cela elle est négative. Par la répétition, elle ôte à la sensation sa pointe ; aussi le narrateur apprécie-t-il « les lieux nouveaux où les sensations ne sont pas *amorties* par l'habitude[6] ». La carapace de l'accoutumance recouvre

1 *Essais et articles*, *op. cit.*, p. 643.

2 Voir *S G*, III, p. 402 : « Je trouvais que le grand impressionniste… », écrit le narrateur en parlant d'Elstir.

3 Voir S. Monneret, *L'Impressionnisme et son époque*, *op. cit.*, t. II, p. 112, où l'auteur rappelle que Whistler, obéissant à une suggestion de D. G. Rossetti, remplacera sa signature sur ses tableaux par un sigle, en transformant le W de son nom par un papillon. Proust a été présenté à Whistler par Reynaldo Hahn chez Méry Laurent (voir *ibid.*, p. 131-132).

4 Cité par S. Monneret, *ibid.*, p. 121.

5 *A D*, IV, p. 13. Voir aussi IV, p. 4 : « Je la voyais comme une divinité redoutable, si rivée à nous, son visage insignifiant si incrusté dans notre cœur que si elle se détache, si elle se détourne de nous, cette déité que nous ne distinguions presque pas nous inflige des souffrances plus terribles qu'aucune et qu'alors elle est aussi cruelle que la mort ». À la page 85, le narrateur renvoie implicitement à Hume, qui voyait en l'habitude « le grand guide de la vie humaine » dans la mesure où c'est l'habitude qui forge les consécutions qui pallieront le défaut de toute réelle causalité entre les phénomènes. Voici le passage : « L'habitude donne à la simple association d'idées entre deux phénomènes, à ce que prétend une certaine école philosophique, la force, la nécessité illusoires d'une loi de causalité ».

6 *Swann*, I, p. 348. Nous soulignons. L'aspect négatif de l'habitude est d'autant plus troublant que la répétition est à la source des résurrections de la mémoire involontaire. Aussi

notre sensibilité au monde et, en quelque sorte, la fige ; c'est pourquoi l'art, dont toute la tâche est de raccorder l'homme à l'univers et de le sauver du narcissisme, nous commande de « briser de toutes nos forces *la glace de l'habitude* et du raisonnement qui se prend immédiatement sur la réalité et fait que nous ne la voyons jamais[1] ». Ainsi l'habitude, ou plutôt la force immense de l'habitude, a-t-elle un double visage : un visage bénéfique, puisque c'est elle par exemple qui finit par apprivoiser, par rendre habitable au narrateur sa chambre du Grand-Hôtel de Balbec tout d'abord si hostile. Un visage maléfique aussi, puisqu'elle émousse la sensation, et par suite l'impression, et avec elle toute la vivacité de la vie. Mais il n'y a pas pour autant deux habitudes ; en fait, c'est une seule et même nature de l'habitude qui d'une part efface l'impression douloureuse (et alors l'habitude paraît bonne), et qui d'autre part supprime l'impression porteuse de la vie passée, et alors l'habitude est sévèrement condamnée, car « l'habitude nous dispense de sentir[2] ».

Mais l'habitude n'est pas le seul, ou le principal, obstacle à la saisie de « l'impression vraiment sentie[3] », que le narrateur appelle encore « la racine même de l'impression[4] » ; cet obstacle principal, c'est l'intelligence. Ainsi, l'orange pressée propose « cent mystères dévoilés par le fruit à ma sensation, nullement à mon intelligence[5] ». Mais ce dont il faut tout de suite ici prendre conscience, c'est que le narrateur n'oppose pas frontalement la

---

le narrateur précise-t-il : « L'habitude était venue qui retranche aux choses que nous avons vues plusieurs fois la racine d'impression profonde et de pensée qui leur donne leur sens réel ».

1 *Contre Sainte-Beuve*, *op. cit.*, p. 304. On peut se demander si Proust a lu le *Mémoire sur l'influence de l'Habitude* de Maine de Biran, où se trouvent mises en lumière les conséquences opposées de cette influence. L'habitude perfectionne les facultés actives et la motricité, elle émousse les facultés passives et la réceptivité. On peut faire valoir que Proust invoque Maine de Biran dans le Cahier 59 (*S G*, III, p. 1159, notes et variantes), mais il s'agit peut-être d'une référence de seconde main, d'un écho du manuel scolaire de Rabier, pratiqué par Proust en classe de Philosophie comme l'a montré Luc Fraisse. Pour le texte même de Maine de Biran, on pourra consulter notre édition du *Mémoire sur l'influence de l'habitude sur la faculté de penser*, Paris, Vrin, 1987. Il y aurait sans doute une étude spéciale à faire sur Proust et Maine de Biran, car l'attention portée à l'habitude n'est pas leur seul point commun. En effet, on pourrait penser aussi au sentiment aigu de la météorologie sur le « violon intérieur » (*Prisonnière*, III, p. 535) ; à la critique du sens de la vue, « comme si le sens de la vue était plus rapproché de l'intelligence, plus abstrait déjà, plus éloigné de la réalité que les autres » (*Esquisse* XXIV du *T R*, IV, p. 813), etc.

2 *J F F*, II, p. 278.

3 *C G*, II, p. 571.

4 *Ibid.*, p. 712.

5 *S G*, III, p. 136.

sensation à l'intelligence, la première prenant en quelque sorte sa revanche sur la seconde ; il oppose une sensation à une autre sensation, à savoir une sensation savante à un sentir originaire, naïf, pur, c'est-à-dire à l'abri de l'instruction à lui imposée par des constructions intellectuelles qui altèrent ce que René Huyghe appelle avec justesse « les données immédiates de la sensation[1] ». Un sens éduqué par l'intellect nous livrera une perception élaborée, où la saisie sensorielle primitive est interprétée par la pensée et recouverte par des jugements qui sont étrangers à cette saisie. L'œil verra ce que l'intelligence lui aura appris à voir, l'oreille entendra ce que l'intelligence lui a enseigné. Le peintre impressionniste au contraire cherche à court-circuiter ces constructions secondes, et c'est ce que fait Elstir : « Elstir tâchait d'arracher à ce qu'il venait de sentir ce qu'il savait ; son effort avait souvent été de dissoudre *cet agrégat de raisonnements que nous appelons vision*[2] ». Cette dernière formule se réfère à une théorie intellectualiste de la perception, dont l'initiateur fut Descartes, théorie qui résorbe la perception dans le jugement. Descartes montrait que la vue est une mathématique implicite ; en effet, la vision de la distance exige un raisonnement spontané puisqu'elle s'opère par une sorte de triangulation. Ainsi l'aveugle, ayant un bâton dans chaque main, calcule la distance qui le sépare d'un objet au moyen de l'angle fait par les bâtons dans ses mains, c'est-à-dire « comme par une géométrie naturelle[3] ».

C'est cette théorie intellectualiste qui est battue en brèche de façon radicale par Proust, du moins dans un premier temps. L'intelligence, déclare le narrateur, « l'intelligence n'est pas l'instrument le plus subtil, le plus puissant, le plus approprié pour saisir le vrai[4] ». Il s'agit là d'une thèse ancienne puisque, dès le *Contre Sainte-Beuve*, Proust affirmait de l'intelligence que « ce n'est qu'en-dehors d'elle que l'écrivain peut ressaisir quelque chose de nos *impressions* passées, c'est-à-dire atteindre quelque chose de lui-même et la seule matière de l'art[5] ».

---

1 Préface à l'ouvrage de S. Monneret, *op. cit.*, p. XIV.

2 *C G*, II, p. 713. Nous soulignons. Ailleurs, le narrateur parle de « notre œil chargé de pensée » (*ibid.*, p. 439). On comprend par là que ce qui caractérise l'impression vraie soit sa *nouveauté*, parce qu'elle échappe par nature à la connaissance apprise. Ainsi *Le Temps retrouvé* avance-t-il une sorte de définition : « Cette chose nouvelle irréductible à ce que l'on sait déjà, qui s'appelle une impression » (IV, p. 381).

3 *Dioptrique*, Discours VI, éd. Adam et Tannery.

4 *A D*, IV, p. 7.

5 *Op. cit.*, p. 211. Nous soulignons.

Le travail de l'intelligence, c'est l'explication ; or expliquer consiste à exhiber la cause d'un phénomène. C'est pourquoi le sentiment d'une perception *sans cause* est la signature de l'impression vraie. Aussi le peintre impressionniste, Elstir par exemple, présente-t-il les choses comme faisait Mme de Sévigné, « *dans l'ordre de nos perceptions*, au lieu de les expliquer d'abord par leur cause[1] ». Cet ordre de nos perceptions est le socle primitif du sentir ; il est pré-réflexif et a-causal. L'ascèse impressionniste consiste à récuser « le raisonnement qui, après-(coup), assigne à tout phénomène visuel des causes extérieures, mais dans l'impression première que nous recevons, cette cause n'est pas impliquée[2] ».

Ici prend tout son poids la notation que nous lisons dans la fameuse extase temporelle de la madeleine, lorsque le narrateur déclare : « Un plaisir délicieux m'avait envahi, isolé, *sans la notion de sa cause*[3] ». Il s'agit bien là d'une véritable impression, puisque l'absence de tout sentiment de causalité révèle aussi l'absence de toute construction mentale venue détruire l'authenticité du sentir. En un mot, il ne faut jamais substituer un savoir à un voir, comme le montre « l'effort d'Elstir de ne pas exposer les choses telles qu'il savait qu'elles étaient, mais selon ces illusions optiques dont notre vision première est faite[4] ». Et le langage accentue l'écrasement du voir par le savoir, car notre savoir nous fournissant tout de suite le nom des choses perçues, ce nom recouvre alors celles-ci d'« une notion de l'intelligence étrangère à nos impressions véritables[5] », et cette notion est plus pauvre que l'impression qu'elle recouvre. C'est dans l'optique de cette critique de l'intervention intellectuelle dans la perception qu'il faut comprendre le recours au paradigme de l'animalité, dans une lettre émouvante de Proust à Zadig, le chien de Reynaldo Hahn :

> Sache, mon bon petit Zadig, ceci, [...] que je suis dans ton genre. [...] *Cette intelligence ne nous sert qu'à remplacer ces impressions, qui te font aimer et souffrir, par des fac-similés affaiblis* qui font moins de chagrins et donnent moins de tendresse. Dans les rares moments où je retrouve toute ma tendresse, toute ma souffrance, c'est que *je n'ai plus senti d'après ces fausses idées*, mais d'après quelque chose qui est semblable en toi et en moi mon petit chouen. Et cela

1 *J F F*, II, p. 14. Nous soulignons.
2 *Essais et articles*, p. 588-589.
3 *Swann*, I, p. 44. Nous soulignons.
4 *J F F*, II, p. 194.
5 *Ibid.*, p. 191.

> me semble tellement supérieur au reste qu'il n'y a que quand je suis redevenu chien, un pauvre Zadig comme toi, que je me mets à écrire et il n'y a que les livres écrits ainsi que j'aime[1].

Ce sentir originaire qu'est l'impression manifeste ses effets dans une expérience totalement nouvelle du voir. L'art antique, en complet accord avec la métaphysique grecque, conçoit le visible comme ce qui présente forme et contour ; les choses y affirment leur individualité en accusant la limite qui les fait être. L'art classique assume cette ontologie de la forme qui oppose figure et fond, qui identifie par la ligne, le tracé, le dessin tout ce que l'on donne à voir. Les frères Goncourt écrivaient : « L'art grec, [...] c'est l'absolu de la ligne[2] ». Le *sfumato* de Léonard de Vinci ne sera qu'une atténuation de cet idéal. Avec l'impressionnisme, on assiste au contraire, on le sait, à une dissolution de la forme, c'est-à-dire à la rupture avec cet idéal ; la figure est noyée dans un nuage de touches lumineuses et colorées. Whistler disait de la peinture : « Ce doit être un souffle sur la surface d'une vitre[3] ». Si l'art qui privilégie la forme a valorisé l'adulte, l'impressionnisme, qui la dissout, a une prédilection pour l'adolescence, dont les traits personnels, encore indécis et comme enfouis dans le modelé tendre des visages, se fondent dans la lumière ou dans la vie commune d'un groupe. Ainsi d'Albertine et de ses amies rencontrées sur la plage de Balbec, et à propos desquelles le narrateur remarque que « pour la plupart les visages mêmes de ces jeunes filles étaient confondus dans cette rougeur confuse de l'aurore d'où les véritables traits n'avaient pas encore jailli[4] ». La propriété fondamentale du corps jeune est d'offrir une plasticité qui, étant à la source de la forme future, hésite entre les formes encore possibles et ne s'arrête à aucune. Pour surprendre à son surgissement cette germination, le peintre doit alors renoncer au trait qui cerne, et le remplacer par le papillonnement des touches colorées, le fameux *vibrato* de la couleur. La jeunesse vient avant l'être, tel est son privilège, car après l'être il n'y a plus rien. Comme le disait Valéry, tout ce qui n'est pas fixé n'est rien, et tout ce qui est fixé est mort. Tout comme Renoir en peinture, Proust a

1 *Corr.*, K, X, p. 373. Lettre 185, novembre 1911. Nous soulignons.

2 *Journal*, éd. citée, I, 10 janvier 1862.

3 Cité par S. Monneret, *op. cit.*, t. II, p. 118.

4 *J F F*, II, p. 258. Mais tous les êtres sont ainsi « rajeunis », puisqu'Elstir, quant à lui, parle dans la *Recherche* des yatchs comme de « la chose unie, simple, claire, grise qui par les temps voilés, bleuâtres, prend un flou crémeux » (*ibid.*, p. 253).

exprimé la jeunesse même des jeunes filles, leur essence ; aussi bien que Nerval, il en a dégagé la poésie :

> L'adolescence est antérieure à la solidification complète et de là vient qu'on éprouve auprès des jeunes filles ce rafraîchissement que donne le spectacle des formes sans cesse en train de changer, à jouer en une instable opposition qui fait penser à cette perpétuelle recréation des éléments primordiaux de la nature qu'on contemple devant la mer[1].

La dissolution des formes opérée par l'œil impressionniste, ayant pour conséquence de remplacer le trait par le tremblé, opère une sorte de désidentification des choses ; elle désoriente parce que « nous n'identifierions pas les choses si nous ne faisions pas intervenir le raisonnement[2] ». Ainsi, avant la construction intellectuelle du perçu, nous voyons une longue rue claire là où il y a en fait un mur violemment éclairé ; or, la vérité picturale, c'est cette longue rue claire. La construction du perçu se fait au prix d'une destruction du sensible, et l'un des instruments majeurs de cette construction factice est le langage, qui parvient à ne nous faire voir que ce que nous pouvons nommer. Or, « les surfaces et les volumes sont en réalité indépendants des noms d'objets que notre mémoire leur impose quand nous les avons reconnus[3] ».

L'impression première, dénonçant le tracé, privilégiant le vaporeux, déréalise les choses (dans la mesure où le réel implique ce que Leibniz nommait l'*antitypie*), comme « dans ce jour où la lumière avait comme détruit la réalité[4] », ou comme dans ces « soirs limpides où le clair de lune, dématérialisant la terre, la faisait apparaître à deux pas céleste, comme elle n'est, pendant le jour, que dans les lointains[5]... ». C'est pourquoi ce sentir originaire opère, dans le spectacle sensible, un vaste remaniement des frontières du perçu, ce que la *Recherche* nomme des « divisions nouvelles[6] », et dont un passage des *Jeunes filles en fleurs* nous donne un bel exemple :

---

1 *J F F*, II, p. 259. Le texte poursuit plus loin : « Il est si court ce matin radieux qu'on en vient à n'aimer que les très jeunes filles, celles chez qui la chair comme une pâte précieuse travaille encore. Elles ne sont qu'un flot de matière ductile... » (*ibid.*, p. 259).

2 *C G*, II, p. 712.

3 *Ibid.* Voir aussi *J F F*, II, p. 191 : « Les noms qui désignent les choses répondent toujours à une notion de l'intelligence, étrangère à nos impressions véritables ».

4 *J F F*, II, p. 254.

5 *A D*, IV, p. 62.

6 *Swann*, I, p. 416. Tout le passage est à lire.

> J'avais plus de plaisir les soirs où un navire absorbé et fluidifié par l'horizon apparaissait tellement de la même couleur que lui, *ainsi que dans une toile impressionniste*, qu'il semblait aussi de la même matière, comme si on n'eût fait que découper sa coque et les cordages en lesquels elle s'était amincie et filigranée dans le bleu vaporeux du ciel[1].

À la structuration du champ perceptif par la vision intellectualisée se substitue une organisation de ce champ d'après l'impression vraie : le vaisseau navigue en plein ciel parce que ciel, mer et navire baignent dans le même impalpable bleu. Et cela ne nous surprend pas car, dit le narrateur, « il m'était arrivé, grâce à un effet de soleil [...] de regarder avec joie une zone bleue et fluide sans savoir si elle appartenait à la mer ou au ciel. Bien vite mon intelligence rétablissait entre les éléments la séparation que mon impression avait abolie[2] ». C'est sur ce brouillage des anciennes démarcations au bénéfice de nouvelles fondées sur une expérience plus native que repose le fameux tableau d'Elstir, qui exprime un des « rares moments où l'on voit la nature telle qu'elle est, poétiquement[3] », à savoir le port de Carquethuit. Tout y repose sur l'indivision entre la ville et la mer, avec les maisons surmontées d'une forêt de mâts et les églises surgies des eaux : « Dans le premier plan de la plage, le peintre avait su habituer les yeux à *ne pas reconnaître de frontière fixe, de démarcation absolue*, entre la terre et l'océan[4] ». Le terme d'*impression* exprime donc exactement le décapage de tout ce dont une perception apprise recouvre la vision originaire, et par là nous rend l'ébranlement puissant, direct, de la sensibilité par le monde. Seul cet ébranlement a été vraiment *vécu*, et donc seul il pourra éventuellement *revivre*. Oublier ce qu'on sait, c'est sortir comme d'un évanouissement, revenir à soi car *« ce qu'on sait n'est pas à soi*[5] », alors que, pour les impressions, « notre moi fragile est le seul lieu habitable[6] ».

1 II, p. 162. Nous soulignons. On trouve, p. 163, une allusion aux « séries » de Monet.
2 *Ibid.*, II, p. 191.
3 *J F F*, II, p. 192.
4 *Ibid.*, p. 192-193. On peut relever dans la description du Port de Carquethuit un souvenir de George Eliot (dont Proust disait que la lecture de deux pages de *The Mill on the Floss* le faisait pleurer) dans le passage suivant : « Il y a encore un reste des meules dorées de l'année dernière, agglomérées en forme de ruches, et qui s'élèvent par intervalles au-delà des haies. Et partout les haies sont couronnées d'arbres : les navires au loin semblent élever haut dans les airs leurs mâts et tendre leurs voiles brun-rouge tout près parmi les branches du frêne qui se déploient » (*Le Moulin sur la Floss*, chapitre 1, début).
5 *J F F*, II, p. 196. Nous soulignons.
6 *Ibid.*, p. 220.

Partie d'un ébranlement dont le monde sensible est l'origine, l'impression nous conduit donc au cœur de la subjectivité, une subjectivité poreuse à un monde ouvert. Le concept proustien d'*impression* s'éclaire, nous l'avons vu, par sa référence au pictural. Dans la peinture impressionniste en effet, le sujet renonce à son quant-à-soi ; il devient un moi malléable qui peut se modeler sur les choses au sein d'une atmosphère porteuse. Le tableau influe sur l'œil qui le regarde et lui impose une certaine manière de voir. Il ne s'adresse plus à l'œil apollinien, intellectuel et instruit, attentif à la forme qui se campe devant un regard lui-même en retrait. Il s'adresse à l'œil dionysiaque, instinctif, spontané, qui capte la masse floue en continuité avec les touches lumineuses qui l'environnent. Ce qui devient essentiel, c'est le courant fluide qui, loin de séparer le motif de l'œil qui perçoit, tisse au contraire un lien entre lui et la rétine. Alors on a moins le sentiment de voir que celui d'être immergé dans un bain de lumière et de couleur ; on voit non pas à travers un espace vide et neutre, mais grâce au diaphane, milieu transparent qui conduit vers un monde suffisamment fluidifié, ou poudroyant, pour ne pas opposer à ce courant porteur la ligne qui coupe, le plan qui renvoie. Le pinceau impressionniste n'accuse pas le trait car il suggère « la malléable et flottante effigie[1] » des êtres ; il prépare l'échange, et à la limite l'interpénétration du voyant et du vu. Ce que dit le terme d'*impression*, c'est bel et bien ce miracle de rencontre avec le monde senti tel que le sentant s'y trouve englobé. Alors le monde nous parle[2] et de quoi nous parle-t-il, si ce n'est du temps perdu ?

La conception de l'impression sensible nous conduit en effet tout naturellement au seuil de la révélation qui forme le cœur de l'édifice proustien, celle d'une Mémoire parfaitement inédite et d'une temporalité originale dont la portée n'est pas simplement psychologique, mais bien métaphysique, et même ontologique puisqu'elle conduit à l'accroissement de l'être qui l'éprouve.

1 *Ibid.*, p. 296.

2 *Ibid.*, p. 257 : « C'est qu'avec les sandwiches au chester et à la salade, nourriture ignorante et nouvelle, je n'avais rien à dire. Mais les gâteaux étaient instruits, les tartes étaient bavardes. Il y avait dans les premiers des fadeurs de crème et dans les secondes des fraîcheurs de fruits qui en savaient long sur Combray, sur Gilberte… ».

LA SURIMPRESSION

Au commencement est donc l'impression, mais si l'impression est à la base de l'extase temporelle proustienne, c'est bien le redoublement de cette impression qui en est le couronnement. Pour désigner cette réduplication, dont l'expérience de la madeleine reste le parangon, Benjamin Crémieux a proposé le concept tout à fait adéquat de « surimpression », à savoir une impression qui se superpose à une impression identique déjà vécue dans le passé[1]. Cette notion désigne « l'alchimie des impressions[2] », soit la répétition, en deux instants différents du temps, d'une impression primitive. La surimpression constitue donc l'expérience proustienne fondamentale de la temporalité, que l'on exprime traditionnellement par la formule de « mémoire involontaire », et que l'on pourrait nommer aussi le *pli* du temps. Elle est, pour employer une autre métaphore, tout comme Albertine « une magicienne me présentant un miroir du temps[3] ». Le miroir en effet miroite, c'est-à-dire fait apparaître deux rayons sur une même face qui pivote, et dans l'extase temporelle un même instant renvoie à une expérience identique mais duelle, « qui m'avait fait *miroiter* une sensation [...] à la fois dans le passé et dans le présent[4] ».

C'est donc la conception proustienne de la mémoire et du temps que nous allons aborder, même si à propos de Proust, et comme le remarquait ironiquement J.-Y. Tadié, « le Temps n'est plus à la mode[5] ». Cela parce que peut-être (le narrateur nous en avait prévenu), « la critique joue

1 *Du côté de Marcel Proust*, Paris, Lemarget, 1929, p. 62. Plus exactement, l'auteur parle du « surimpressionnisme de Proust ».

2 *T R*, IV, p. 349.

3 *C G*, II, p. 646.

4 *T R*, IV, p. 815, Esquisses. Nous soulignons. Même texte, à peu de choses près, dans *T R*, IV, p. 451.

5 *Proust et le roman*, Paris, Gallimard, 1971, p. 293, note 1. Mais il n'y a rien d'étonnant à ce qu'une époque qui ne cherche qu'à explorer l'espace s'acharne aussi à tuer le temps. À tel point que G. Poulet, d'ordinaire mieux inspiré, proposait pour l'œuvre proustienne un nouveau titre : *À la recherche de l'espace perdu*... C'est oublier que, dans la *Recherche*, c'est le temps qui enveloppe l'espace et lui donne sa loi ; c'est le temps l'englobant suprême,

à replonger dans l'ombre ce qui depuis trop longtemps était radieux et à en faire sortir ce qui semblait voué à l'obscurité définitive[1] ». La mémoire involontaire et les plis du temps sont bien là, pourtant, au centre de l'œuvre et, pour ressassés qu'ils soient, on ne saurait les passer sous silence. Du reste, comme le disait Hegel, ce qui est bien connu est en réalité mal connu ; c'est pourquoi il ne faut pas craindre d'en reprendre l'examen.

Le phénomène de surimpression n'est pas le fruit d'une nostalgie douce, la remontée complaisante d'une mémoire qui se berce au souvenir du passé défunt ; il revêt parfois tout au contraire un caractère de soudaineté brutale. Le passé revient en force ; il fait irruption dans la conscience du narrateur et le bouscule avec violence. Le court-circuit de deux sensations semblables provoque la « déflagration du souvenir[2] », et comme une foudre le frappe jusqu'à le mettre proche de la syncope. En effet, « la sensation commune avait cherché à *recréer autour d'elle le lieu ancien*, cependant que le lieu actuel qui en tenait la place s'opposait de toute la résistance de sa masse à cette immigration[3] ». La lutte entre le lieu ancien et le lieu actuel, entre « la salle à manger marine de Balbec » et « la solidité de l'hôtel de Guermantes » est indécise : en effet, le lieu ancien est celui qui paraît le plus beau au narrateur et qui crée en lui « l'extase », mais le lieu actuel résiste et ce, heureusement, car « si le lieu actuel n'avait pas été aussitôt vainqueur, je crois que j'aurais perdu connaissance[4] ». Dans la surimpression, il n'y a pas d'interpénétration ou de superposition des lieux qui soit possible, comme c'est le cas au début du *Noé* de Giono par exemple, car « ces résurrections du passé sont si totales [...] qu'elles forcent nos narines à respirer l'air de lieux pourtant lointains, [...] à trébucher entre eux et les lieux présents, dans l'incertitude pareille à celle qu'on éprouve parfois devant une vision ineffable[5] ». La commotion subie par le narrateur provient de l'antitypie entre le lieu revécu et le lieu vécu, car si les sensations (celle des pavés inégaux, du bruit de la cuiller contre l'assiette et du marteau contre la

---

et non l'espace, car « les maisons, les routes, les avenues sont fugitives, hélas, comme les années » (*Swann*, I, p. 420).

1 *C G*, II, p. 760.

2 *A D*, IV, p. 267.

3 *T R*, IV, p. 453. Nous soulignons.

4 *Ibid.*

5 *Ibid.*, p. 453-454.

roue du train, de la serviette raide et empesée), si ces sensations sont les mêmes que celles qu'elles ont appelées, les lieux qui les entouraient, eux, sont différents et incompatibles. Le heurt entre Venise ou Balbec et Paris crée une véritable hallucination dans la conscience actuelle envahie par le retour vécu de l'impression passée :

> L'impression fut si forte que le moment que je vivais *me sembla être le moment actuel* ; [...] hébété, [...] je croyais que le domestique venait d'ouvrir la fenêtre sur la plage, et que tout m'invitait à descendre me promener le long de la digue à marée haute[1].

Le caractère hallucinatoire de la mémoire involontaire nous invite à examiner la nature particulière de cette mémoire, et en premier lieu le phénomène de la reviviscence.

LA REVIVISCENCE

Commençons par l'essentiel : ce que nous appelons le pli du temps chez Proust s'accomplit au prix d'*un détraquement des lois de la mémoire ordinaire*, c'est-à-dire de la mémoire dite « volontaire ». L'acte de cette mémoire extra-ordinaire qu'est la mémoire involontaire est appelé par Proust lui-même « reviviscence[2] », et il consiste à faire apparaître le souvenir comme s'il s'agissait d'une perception, c'est-à-dire « en chair et en os », pour reprendre une expression husserlienne. Le narrateur explique « la terrible puissance recréatrice de sa mémoire[3] » par le grand axiome proustien, de portée ontologique, selon lequel « toutes les choses de la vie qui ont existé une fois tendent à se recréer[4] ». Le paradoxe de la mémoire proustienne consiste dans le fait qu'elle n'opère pas un retour au passé comme passé, mais un retour au présent, ou du moins au passé revécu comme présent. Pourquoi cela est-il paradoxal ?

1 *Ibid.*, p. 447. Nous soulignons.
2 *A D*, IV, p. 14 : « ...la reviviscence intermittente et involontaire d'une impression spécifique, venue du dehors... ».
3 *Swann*, I, p. 362.
4 *Ibid.*, p. 358.

Il faut se référer ici pour la comprendre à la première analyse psychologique de la mémoire, à savoir celle d'Aristote dans son traité *De la mémoire*. Aristote commence par souligner un rapport étroit entre la mémoire et l'imagination, puisque le souvenir fait apparaître à l'âme non pas la chose même dont on se souvient, mais la même chose qu'elle, à savoir son image. Il écrit : « Sont objets de la mémoire par eux-mêmes tous les objets de l'imagination[1] ». Or l'image, bien qu'elle fasse apparaître l'objet du souvenir, le fait apparaître comme absent, puisqu'elle le fait apparaître en image et non comme une réalité perçue. L'image est en effet un concept biface : le tableau représentant un cheval est bien cheval d'un certain côté, puisqu'on y reconnaît un cheval, mais d'un autre côté il ne l'est pas puisqu'il n'est que de la couleur sur une toile. Or le souvenir étant une image considérée par la conscience sous l'angle du temps, et visé par elle dans le passé, ce souvenir est à la fois *présence* de l'image remémorée et *absence* de la réalité à quoi renvoie l'image dans le passé. La présence de l'image dans l'âme exprime donc en même temps, et principiellement, l'absence de la chose dont l'âme se souvient. Par suite, la mémoire est incapable de nous fournir une authentique *reviviscence*, c'est-à-dire un passé vivant, une présence de l'objet du souvenir[2]. C'est pourquoi la conception proustienne de la reviviscence du passé dans la mémoire involontaire peut paraître paradoxale et contraire à une stricte phénoménologie de l'intentionnalité mémorielle[3].

Ce paradoxe se redouble quand on constate que le narrateur de la *Recherche* est parfaitement au fait que l'image ne livre à la conscience que la chose dans son absence, si l'on peut ainsi s'exprimer : « La réalité m'avait déçu parce qu'au moment où je la percevais mon imagination, qui était mon seul organe pour jouir de la beauté, ne pouvait s'appliquer à elle, en vertu de *la loi inévitable qui veut qu'on ne puisse imaginer que ce*

1 *De la mémoire et de la réminiscence*, dans *Petits traités d'Histoire naturelle*, 450 a 24. Rappelons que pour Aristote, « il n'est pas possible de penser sans image » (449 b 32).

2 Et cela pour deux raisons : parce que la mémoire suppose l'image et que toute image est *à la place* d'une réalité, et parce que la mémoire implique une visée temporelle qui situe l'image dans le passé, c'est-à-dire dans ce qui n'est plus.

3 C'est pourquoi le jeune Proust hésite encore à nommer « souvenir » cette reviviscence : « Il lui fallait le souvenir, non point précisément le souvenir, mais la transmutation du souvenir en une réalité directement sentie » (*Jean Santeuil*, p. 399). Nous renvoyons, pour un examen plus approfondi de toute cette question, à notre étude « Aristote phénoménologue de la mémoire », dans notre ouvrage *La Parole archaïque*, Paris, PUF, 1999, p. 314-325.

qui est absent[1] ». Il est curieux que cette loi de l'imagination ne vaille pas *ipso facto* pour la mémoire ! Mais à la réflexion, on le comprend, car ce que la surimpression livre au narrateur lors des résurgences du passé, ce ne sont pas des images, mais bien des *sensations* : sensation gustative dans le cas de la madeleine, tactile dans celui de la serviette empesée, auditive dans celui du marteau frappant la roue du train, cénesthésique enfin dans le cas des pavés inégaux. C'est pourquoi l'appel de la sensation sœur, venue du passé, par la sensation présente présentifie en quelque sorte la première et fait éprouver au narrateur un souvenir senti, et senti au présent. Ce faisant, Proust rompt avec Aristote, lequel déclarait que par la sensation « nous ne connaissons ni le futur ni le passé, mais le présent seulement[2] ». Proust admet en effet que nous connaissons le passé par une sensation, une sensation qui est une surimpression : ce passé peut alors être vécu au présent, puisque la sensation se produit dans la présence ; *il peut dès lors être une reviviscence.* Là se trouve la grande originalité de Proust, sa découverte – d'aucuns diront son coup de force ! On voit l'erreur qu'il y a à dire que Proust vit dans le passé ; en fait, pour lui, c'est bien plutôt le passé qui, par la magie de la surimpression, vit dans le présent.

Les résurrections les plus célèbres décrites par Proust sont en général des scènes vécues par le narrateur, mais ces scènes, empruntées à la vie extérieure (comme celle des clochers de Martinville par exemple), ne sont pas les seules à revivre. Ce qui entre en reviviscence, ce qui est pour ainsi dire cité à comparaître, c'est aussi le sujet, même si tout d'abord il ne se reconnaît pas lui-même. Ainsi le narrateur lisant le titre *François le Champi* dans la bibliothèque de la princesse de Guermantes, retrouve « une impression bien ancienne[3] » qu'il ne reconnaît pas tout de suite et qui lui semble être produite en lui par un étranger. Mais, « cet étranger, c'était moi-même, c'était l'enfant que j'étais alors que le livre venait de susciter en moi, car de moi ne connaissant que cet enfant, c'est cet enfant que le livre avait appelé tout de suite[4]… ».

1 *T R*, IV, p. 450-451.
2 *Op. cit.*, 449 b 14-15.
3 *T R*, IV, p. 462.
4 *Ibid.*, p. 463. Voir aussi p. 464 : « Si je reprends dans la bibliothèque *François le Champi*, immédiatement en moi un enfant se lève qui prend ma place, qui seul a le droit de lire ce titre : *François le Champi* ».

La conception de l'acte de mémoire comme reviviscence nous incite à ne pas tenir les extases temporelles proustiennes pour des *signes*, comme nous y invite Deleuze[1] : le signe est en effet ce qui tient la place de ce qu'il désigne, ce qui renvoie à lui. Or Proust insiste sur ce qu'il nomme souvent, en empruntant un vocabulaire religieux, la « présence réelle[2] » du temps retrouvé par la grâce de la surimpression. Le narrateur affirme clairement que « ce n'était d'ailleurs même pas un écho, un double d'une sensation passée que venait de me faire éprouver le bruit de la conduite d'eau, mais cette sensation elle-même[3] ». De même, Swann pouvait parler avec indifférence des jours où il était aimé par Odette, mais lorsqu'il écoute la petite phrase de Vinteuil, ce qui lui est alors rendu et qui le frappe au cœur ce sont « ces jours eux-mêmes, tels qu'il les avait jadis sentis[4] ». (25) La beauté d'un dernier texte nous fera pardonner, nous l'espérons, de citer encore. Lisons-le :

> À ce moment même, dans l'hôtel du prince de Guermantes, ce bruit des pas de mes parents reconduisant M. Swann, ce tintement rebondissant, ferrugineux, intarissable, criard et frais de la petite sonnette qui m'annonçait qu'enfin M. Swann était parti et que maman allait monter, je les entendis encore, *je les entendis eux-mêmes*, eux situés pourtant si loin dans le passé[5].

Ces textes sont éloquents, et confortent le jugement de Julia Kristeva lorsqu'elle écrit : « Contrairement à ce que l'on a pu croire, ce ne sont pas des “signes” mais des “impressions” que Proust recherche et déchiffre[6] ».

La reviviscence dit la présence du passé, et non sa représentation. Si la mémoire ordinaire ne nous livre aucune réalité, c'est parce qu'elle vit exclusivement au sein de représentations (le nom moderne des « images » d'Aristote), c'est parce qu'elle est une mémoire intellectuelle et non sensitive, et qu'elle n'enferme « du passé que de prétendus extraits qui n'en conservaient rien[7] ». Or, si je veux évoquer cette journée, « j'entends cette journée *elle-même* et non son froid fantôme[8] ». C'est cette mémoire

1 *Proust et les signes*, Paris, PUF, 1964, p. 19.
2 La « présence réelle » exprime la présence divine dans l'Eucharistie.
3 *T R*, IV, p. 453.
4 *Ibid.*, p. 448.
5 *Ibid.*, p. 623. Nous soulignons.
6 *Le Temps sensible. Proust et l'expérience littéraire*; Paris, Gallimard, 1994, p. 441. Et à la page 436, elle affirmait déjà : « Son monde n'est pas fait de signes ».
7 *Swann*, I, p. 340.
8 *Contre Sainte-Beuve*, *op. cit.*, p. 213. C'est Proust qui souligne.

volontaire, nourrie de représentations et non de présences, que vise le narrateur lorsqu'il s'écrie : « Ce qu'on appelle se rappeler un être, c'est en réalité l'oublier[1] ». Si bien que la mémoire involontaire n'est pas, pour Proust, une anomalie ; elle est la vraie mémoire, la mémoire vive dont l'autre n'est que le fantôme. La vraie mémoire n'est donc pas cette faculté triste dont nous parlions au début. Le souvenir étant présent, par la grâce de la reviviscence, la mémoire est alors joie et donatrice de plaisir. Elle suit la devise des cadrans solaires de l'Antiquité, sur le socle desquels on lisait : « Je ne compte que les heures claires[2] ». La survie qu'assure cette mémoire-là n'est pas celle des ombres des morts telles qu'elles apparaissent dans la *Nekuia* de l'*Odyssée* d'Homère ; elle est bien plutôt sur-vie, c'est-à-dire une vie portée à un degré supérieur d'intensité. Par la reviviscence, nous rentrons en possession de nous-même, grâce au raccordement de soi à soi qu'elle opère et qui lui rend en quelque sorte son être : « On n'est que par ce qu'on possède, on ne possède que ce qui vous est réellement présent[3] ». Il faudrait ainsi poser une distinction entre « *avoir* un passé », qui est le fait de la mémoire volontaire, et « *être* un passé », qui est le fait de la reviviscence, et qui permet au passé d'être présent.

Cette présence si vive du passé, Proust ira même jusqu'à tenter de l'expliquer par un recours au thème pythagoricien de la métempsycose, ou réincarnation des âmes[4], comme Victor Hugo l'avait fait avant lui[5].

---

1 *J F F*, II, p. 270.

2 *Horas ne numerem nisi serenas.*

3 *A D*, IV, p. 70.

4 Voir *Corr.*, K, XVII, p. 214. Lettre 83, à Lionel Hauser, 28 avril 1918 : « Personnellement, l'étude constante des phénomènes intérieurs, l'oreille prêtée à d'inexplicables réminiscences, me porteraient à croire qu'en effet notre vie actuelle n'est pas la première et que l'éponge de l'oubli n'a pas complètement effacé le souvenir des précédentes ».

5 Voir *Les Contemplations* : « Il entend ses propres fantômes / Qui lui parlent derrière lui » (« Magnitudo parvi »).

LE MIRACLE DE LA RÉPÉTITION

La répétition, la réitération, la redondance, n'est-ce pas là l'image même de la stérilité, du piétinement morne où, par définition, aucun apport nouveau ne saurait surgir ? Et pourtant, dans la surimpression, dans le pli du temps, il y a de toute évidence un *plus* par rapport à l'impression première ; ce *plus* se traduit par la joie qui envahit le narrateur à chaque extase temporelle qui lui est donnée, à chaque pli du temps. Proust le souligne lui-même en termes nets : « Ce qui est central dans mon morceau sur la tasse de thé [...] c'est la béatitude que cause le phénomène de mémoire et qui est évidemment indépendant de la saveur même de la madeleine qui ne devait pas, quand j'étais enfant, me paraître divine[1] ». La répétition proustienne est donc une répétition créatrice : « La beauté de Balbec, *je ne l'avais pas trouvée quand j'y étais*[2] ». Il ne s'agit donc pas de « voir double dans le temps[3] ». Et ce n'est pas en revenant sur les lieux, à Balbec ou à Venise par exemple, que le narrateur y pourrait trouver ce *plus*, ce *plus* qu'il n'avait pas trouvé lorsque précisément lui-même y était. Ce plus, il doit le trouver ailleurs, non pas en se déplaçant dans l'espace, mais par une « besogne intérieure[4] ». C'est donc en revenant à nous-même que nous trouvons l'origine du supplément que nous livre le redoublement de l'impression : « Je sentais un bonheur qui m'envahissait, et que j'allais être enrichi d'un peu de cette pure substance de nous-même qu'est une impression passée, de la vie pure conservée pure[5] ». C'est dans le sens de cet accroissement d'être qu'il faut comprendre le grand axiome de Proust : « Tout doit revenir[6] », et non pas dans le sens où, chez Cicéron, le dieu propose au vieillard de recommencer sa vie. Un tel recommencement n'apporterait

1 *Corr.*, K, XXI, p. 665. Lettre à André Foucart, 18 novembre 1915.

2 *T R*, IV, p. 455. Nous soulignons.

3 *J F F*, II, p. 78.

4 *T R*, IV, p. 446.

5 *Contre Sainte-Beuve*, p. 212.

6 *Prisonnière*, III, p. 871. On se demande, en lisant ces mots, comment Proust a pu déverser tant d'éloges (à vrai dire outrés) sur l'œuvre d'Anna de Noailles, auteur du vers célèbre : « Nous n'aurons jamais plus notre âme de ce soir ». « Le Cœur innombrable », *Choix de Poésies*, Paris, Fasquelle éd., 1930, p. 14. En effet, la Recherche nous a donné l'assurance que le « jamais plus » n'existe pas et qu'il est un leurre créé par la distraction et l'oubli,

que lassitude, c'est pourquoi déjà Caton ne l'acceptait pas : « Si quelque dieu m'offrait généreusement de me faire, à partir de cet âge avancé, redevenir un enfant et vagir dans mon berceau, je refuserais tout net[1] ». Proust ne l'eût pas accepté non plus, et la répétition prend chez lui un tout autre sens : la surimpression feutre l'impression première, malgré tout banale, « de ce beau velours inimitable des années pareil à celui qui, dans les vieux parcs, enveloppe une simple conduite d'eau d'un fourreau d'émeraude[2] ».

La question qui se pose à nous est alors la suivante : d'où peut venir ce *surplus* dont s'enrichit la surimpression ? Pour y répondre, il faut faire un léger retour en arrière, et rappeler que l'impression consacre une rencontre entre la chose sensible et l'âme qui la ressent, rencontre que Proust nomme « notre amour pour les choses[3] » ; ainsi *Jean Santeuil* évoque « l'heure *où se tramèrent ces liens si forts* entre les cloches et la vie de Jean que le son d'autres cloches suffirait plus tard à la lui rendre toute pour un instant, l'heure où les cloches prenaient son âme d'alors pour la lui prêter plus tard[4] ». L'impression projette en quelque sorte l'âme dans les choses ; l'âme habite alors son entourage tout comme Jean Santeuil « entrait dans cette âme éparse autour de lui qu'était sa chambre[5] », et par là « il ne faisait pour ainsi dire que rentrer en lui-même[6] ». Le moi s'est projeté dans les choses – c'est l'impression – et celles-ci vont rendre plus tard le moi ancien au moi nouveau – c'est la surimpression. Le bénéfice qu'offre la surimpression est donc constitué par cette partie perdue de nous-même qui revient vers nous, portée par le monde sensible qu'elle avait jadis investi ; ce surplus « c'est un peu de nous-même qui, gardé intact et frais dans quelque coin oublié, nous est tout à coup silencieusement

---

que nous pouvons avoir l'assurance que le moi de ce soir, nous le retrouverons au bout de ce chemin bordé d'aubépines.

1 Caton l'Ancien, *De la vieillesse*, § 23 (dans certaines éditions, § 83). On trouvera le texte latin par exemple dans le t. IV de l'édition Nisard des œuvres de Cicéron, p. 513 : *Si quis deus mihi largiatur, ut ex hac aetate repuerascam, et in cunis vagiam, valde recuserem.*

2 *T R*, IV, p. 551. La vertu de la répétition est encore soulignée à propos de la Sonate de Vinteuil. Le narrateur remarque que l'on aime beaucoup plus un morceau de musique après l'avoir entendu plusieurs fois : « Probablement ce qui fait défaut, la première fois, ce n'est pas la compréhension, mais la mémoire » (*J F F*, I, p. 520).

3 *Jean Santeuil*, p. 391. Car « les choses sont poreuses à l'esprit et s'en imbibent » (*T R*, IV, p. 466).

4 *J S*, p. 248. Nous soulignons.

5 *Ibid.*, p. 357.

6 *Ibid.*

offert[1] ». Si bien que « le don merveilleux de sentir sa propre essence dans les choses[2] » coïncide avec un accroissement de son être, accroissement porteur de joie parce qu'il nous complète. Ainsi le moi feuilleté que nous avons décrit au début peut-il commencer à sortir de sa discontinuité et à se raccorder à soi-même[3]. Nous comprenons par là l'importance capitale (« capitalissime », dirait Proust) des extases temporelles et des plis du temps : ils sont le détour obligé par lequel le moi va pouvoir retrouver son identité c'est-à-dire, en langage proustien, son essence[4]. Car « cette prise de possession de soi-même n'est pas directe. Il faut qu'il se reçoive soi-même des mains mystérieuses qui le détiennent[5] ».

Cette réception indirecte de soi exige l'action d'un médiateur sensible, dont l'intervention permet de « rajeunir les impressions[6] ». Cet intercesseur, « goût du thé, bruit de la fourchette, poisseux de la serviette[7] », ce *paraclet*, au sens étymologique du terme[8], vient au secours de la mémoire par un support matériel qui contient en lui une part de nous-même. Peut-être pourrait-on aller jusqu'à parler à ce sujet d'une sorte de fétichisme proustien ? Le mot est employé en tout cas par le narrateur : « Mais quand disparaît une croyance, il lui survit [...] un attachement *fétichiste* aux anciennes (choses) qu'elle avait animées, comme si c'était en elles et non en nous que le divin résidait[9] ».

Le fétiche est une réalité matérielle certes, mais qui est habité par un esprit divin ; chez Proust cet esprit n'est pas divin, c'est le nôtre, dont le fétiche est l'inducteur, car il contient un morceau perdu de notre vie ; il nous rend une partie « de la substance même de notre vie[10] ». Certes

1 *Ibid.*, p. 332. Nous soulignons.

2 *Ibid.*, p. 522.

3 « Pour que j'entendisse encore ce tintement, il fallait *qu'il n'y eût pas eu discontinuité*, (...) puisque cet instant ancien tenait encore à moi » (*T R*, IV, p. 624). Nous soulignons.

4 Et en même temps dans le langage de l'ontologie classique.

5 *J S*, p. 568. Dans les *Esquisses* du *Temps retrouvé*, le narrateur parle aussi des phénomènes de mémoire involontaire comme de *mystères* : « Et ces mystères je les avais souvent recueillis comme de précieuses et mystiques graines » (*Esquisse LIX*, *T R*, IV, p. 940).

6 *T R*, IV, p. 475.

7 *T R*, IV, *Esquisse XXXVI*, p. 861.

8 *Paraklètos*, celui que l'on appelle à son secours (voir Évangile de saint Jean, XIV, 16) et qui rappelle cette « chose qui avait déjà tant fait pour lui » dont parle *Jean Santeuil*. (p. 422).

9 *Swann*, I, p. 417. À propos de la serviette rêche, *Le Temps retrouvé* parle de « rite » (IV, p. 447). Cette thématique fétichiste est relevée par Proust comme essentielle chez Barbey d'Aurevilly, chez qui toujours « une réalité cachée [est] révélée par une trace matérielle ».

10 *Jean Santeuil*, p. 497.

il n'est pas une signification, il n'est pas un symbole mais un être par lequel notre attention prend un virage, de lui à nous : « La meilleure part de notre mémoire est hors de nous, dans un souffle pluvieux, dans l'odeur de renfermé d'une chambre ou dans l'odeur d'une première flambée. [...] *Hors de nous ? En nous pour mieux dire*[1]... ».

Mais que se passe-t-il au juste lors des fameuses résurrections du passé produites par la superposition de deux sensations éloignées dans le temps et dont la jonction engendre « une sensation qui enferme un passé[2] » ? Commençons par rappeler, avec le narrateur de la *Recherche*, que « toute impression est double, à demi engainée dans l'objet, prolongée en nous-même par une autre moitié[3] ». Or, cette seconde moitié, subjective, dans l'impression présente vient rencontrer « le petit sillon que la vue d'une aubépine ou d'une église a creusé en nous[4] » et qui, lui aussi, est de l'ordre du subjectif puisqu'il s'est inscrit dans la mémoire. Dans le ressouvenir ordinaire, on ne voit là qu'« un simple moment du passé[5] ». Mais dans la surimpression proustienne, il y a « plus peut-être ; quelque chose qui était commun au présent et au passé[6] ». Si bien que le bruit, l'odeur déjà perçus autrefois sont « pour ainsi dire entendu, respirée à la fois dans le présent et dans le passé[7] ».

La conséquence peut être tirée immédiatement : *deux instants séparés dans le temps sont vécus comme contemporains*, ce qui bien sûr détraque la loi ordinaire du temps, porte atteinte à sa nature. Cette nature est celle de l'irréversibilité, sa loi est celle, comme le soulignait Kant, des ajouts successifs[8]. Or, nous voyons ici le temps revenir sur lui-même, et faire avons-nous dit un *pli*, si bien que la boucle, ou la ganse, de temps ainsi produite se trouve mise hors-temps. La répétition des impressions enjambe l'intervalle de durée qui les sépare, et cela pas seulement par la pensée, mais réellement, si bien que cet intervalle est supprimé, « toutes les années intermédiaires se trouvant abolies[9] ». Nous verrons plus loin la

1 *J F F*, II, p. 4. Nous soulignons.
2 *Jean Santeuil*, p. 399.
3 *T R*, IV, p. 470.
4 *Ibid.*
5 *T R*, IV. *Esquisse* XXIV, p. 814.
6 *Ibid.*
7 *Ibid.*
8 *Successive addendo.*
9 *J F F*, II, p. 80.

portée métaphysique d'une telle expérience ; il suffit de noter ici qu'elle opère un coup de force sur la conscience ordinaire du temps, puisqu'un instant passé est délogé du passé, et que la durée qui le sépare du présent est abolie. Tout se passe alors comme si le temps, devenu superflu, s'immobilisait, n'existait plus. La suppression des intervalles temporels, que nous venons d'évoquer, ces parenthèses si difficiles à penser (car ce qui est entre deux temps n'est-il pas encore du temps ?). Proust l'exprime par une belle métaphore végétale, celle de « ces graines gelées pendant des années et qu'on croyait inertes et qui tout d'un coup exposées à des effluves humides se remettent à germer[1] ».

Il n'est pas étonnant dès lors que la violation de l'ordre temporel habituel expulse en quelque sorte du temps l'être qui éprouve la surimpression : « Au vrai, l'être qui alors goûtait en moi cette impression la goûtait en ce qu'elle avait de commun dans un jour ancien et maintenant, *dans ce qu'elle avait d'extra-temporel*[2] ». C'est l'identité passé-présent qui permet alors à l'être de « jouir de l'essence des choses » et de vivre « en-dehors du temps[3] ». On trouve dans la *Correspondance* exactement la même doctrine : « Ce qui rend si heureux dans ce genre d'impressions, [...] c'est qu'étant identiques dans un moment différent, elles nous transportent hors du temps, sont senties par l'homme éternel[4] ». Bien sûr, ces pliures du temps n'occupent que « la durée d'un éclair[5] », mais elles lui ont permis d'appréhender ce que le narrateur a nommé, dans une formule aussi célèbre qu'énigmatique, « un peu de temps à l'état pur[6] », dont nous voyons qu'elle ne peut désigner autre chose qu'une goutte d'éternité. En effet, ce temps à l'état pur est du temps qui a été « *immobilisé*[7] » ; or, « immobiliser, c'est éterniser[8] ». L'aubaine de cet instant éternel, le narrateur l'explique avec une étonnante subtilité. Seule l'imagination permet, constate-t-il, la jouissance de la beauté ; or on ne peut imaginer, nous l'avons vu, que ce qui est absent. Donc la réalité présente, privée de beauté, ne peut que décevoir.

1 *T R*, IV. *Esquisse* XXVII, p. 836.
2 *Ibid.*, p. 430.
3 *Ibid.*
4 *Corr.*, K, XV, p. 26. Lettre 3, à Emmanuel Berl, 1916.
5 *T R*, IV, p. 451.
6 *Ibid.*
7 *Ibid.*, ligne 12.
8 *Corr.*, K, XIX, p. 82. Lettre 24, à la Comtesse Greffulhe, 19 janvier 1920.

C'est alors qu'intervient le redoublement de la sensation, qui est « un expédient merveilleux[1] » offert par la nature (le texte dira plus loin un « subterfuge ») : la sensation passée, marquée par l'absence, peut être goûtée par l'imagination (et donc trouvée belle) mais, en tant qu'elle se fond dans la sensation présente, elle reçoit alors « l'idée d'existence[2] » (et donc ne déçoit plus). *Un beau rêve réalisé par une ruse de la nature, voilà donc le temps à l'état pur*, et c'est parce que ce rêve n'est qu'un « éclair » que le narrateur parle d'*un peu* de temps à l'état pur, ce que nous avons nommé plus haut une goutte d'éternité.

Nous devons noter ici que, dans tous les phénomènes de surimpression, un moment présent se *superpose* à un moment passé, dessinant une représentation inhabituelle du temps. Ce schéma de superposition se retrouve dans le champ spatial avec la métaphore du *calque*. Robert de Saint-Loup, dans *Le Côté de Guermantes*, avance l'idée que certains généraux ont calqué leurs plans de bataille « sur des batailles plus anciennes qui sont [...] comme le passé, comme la bibliothèque, comme l'érudition, comme l'étymologie, comme l'aristocratie des batailles nouvelles[3] ». Après quoi le héros répond à Saint-Loup : « Tu me dis qu'on calque des batailles. Je trouve cela en effet esthétique, comme tu disais, de voir sous une bataille une plus ancienne, je ne peux te dire comme cette idée me plaît[4] ». Un temps qui s'empile remplace donc le temps qui s'étire, substituant ainsi la dimension verticale à la dimension horizontale. Par l'effet de ce redressement, on passe d'un temps qui égrène ses instants comme le petit Poucet ses cailloux à un temps qui soutient chaque instant actuel par le socle des instants passés. On dit que le temps « passe », mais il vaudrait mieux dire que le temps « pousse » : il pousse comme un arbre à partir de ses racines, il pousse en hauteur. Il ne traîne pas en longueur comme l'eau qui coule, il monte verticalement, et avec lui nous montons. La verticalité triomphe encore dans le goût proustien pour l'envol de l'avion : « Comme un aviateur qui a jusque-là péniblement roulé à terre, "décollant" brusquement, je m'élevais lentement vers les hauteurs silencieuses du souvenir[5] ». La vie, lorsqu'elle est vécue dans

1 *T R*, IV, p. 451.
2 *Ibid.*
3 II, p. 410. Le texte parle encore, dans la même page, de « décalque stratégique ».
4 II, p. 412.
5 *T R*, IV, p. 437.

la platitude de l'horizontalité, est dénoncée par le narrateur comme inutile : « Le destin m'eût-il accordé cent ans de vie de plus, [...] il n'eût fait qu'ajouter des rallonges successives à une existence toute en longueur[1]... ». Le vertical, au contraire, se trouve valorisé : il marque l'élévation de la vie, et grâce à lui les instants passés, au lieu de se perdre au loin, s'entassent et demeurent acquis. Bref, le narrateur a du terrain sous ses pieds, et on en arrive à la merveilleuse image des échasses de temps à la fin du *Temps retrouvé*[2], sur lesquelles les hommes sont juchés, et qui ne sont impraticables que lorsque précisément elles deviennent trop *longues* ! La dimension verticale est encore présente dans la remontée du souvenir oublié jusqu'à la conscience claire ; ainsi, lorsque le narrateur, après avoir savouré le goût du thé et du gâteau, « pose la tasse et [se] tourne vers [son] esprit[3] ». Après quelques tentatives, le narrateur peut enfin décrire ce qui se passe en lui : « Je sens tressaillir en moi quelque chose qui se déplace, voudrait s'élever, quelque chose qu'on aurait désancré à une grande profondeur ; je ne sais ce que c'est, mais cela monte lentement[4] ». Puis, déçu, il ajoute : « Qui sait s'il remontera jamais de sa nuit[5] ? »

Le simple retour complaisant aux événements du passé, l'étalage des souvenirs et leur récapitulation restent dans le domaine de l'horizontalité. D'où les lourds contresens qui ont pu être faits sur la signification de la surimpression proustienne, expliquée par l'association des idées[6], voire par la théorie pavlovienne du réflexe conditionné. Mais il s'agit là d'une sorte de réduction à la platitude, qui méconnaît le dynamisme ascensionnel que manifeste l'expérience des extases temporelles. Qui

1 *Ibid.*, p. 444.
2 IV, p. 625.
3 *Swann*, I, p. 45.
4 *Ibid.*
5 P. 46.
6 C'est une explication de ce type qui se dégage d'un curieux texte de Ramond de Carbonnière, *Observations faites dans les Pyrénées...* (Paris, 1789, chap. v, p. 88-89) cité par Maine de Biran, *Journal*, éd. H. Gouhier, Neuchâtel, La Baconnière, 1954, t. I, p. 151-152 : « Il y a dans les parfums je ne sais quoi qui réveille puissamment les souvenirs du passé. Rien ne rappelle à ce point des lieux chéris, des situations regrettées, de ces minutes dont le passage laisse d'aussi profondes traces dans le cœur qu'elles en laissent peu dans la mémoire. L'odeur d'une violette rend à l'âme les jouissances de plusieurs printemps. Je ne sais de quels instants plus doux de ma vie le tilleul en fleurs fut témoin, mais je sentais vivement qu'il ébranlait des fibres depuis longtemps tranquilles, qu'il excitait d'un profond sommeil des réminiscences liées à de beaux jours... ».

méconnaît surtout l'ambition de la recherche proustienne, c'est-à-dire la récupération de notre vie tout entière, car « le passé n'est pas fugace, il reste sur place[1] ». Cette recherche met en œuvre un sensualisme supérieur, et débouche sur une véritable doctrine de l'impression et du redoublement de l'impression, dont nous verrons plus loin les implications métaphysiques.

Une forme plus moderne d'explication positiviste de la mémoire involontaire a été proposée récemment par un critique inspiré par la neurologie. Il voit en Proust un précurseur intuitif des neurosciences parce que, dans le passage sur la madeleine, le narrateur constate, dit ce critique, que « notre odorat et notre goût portent ensemble le poids de la mémoire[2] ». Il invoque un article de Rachel Herz, qui a expliqué le privilège du goût et de l'odorat en remarquant que « ce sont les seuls sens directement connectés à l'hippocampe, centre de la mémoire à long terme du cerveau. Leur marque est indélébile. Tous nos autres sens (vue, toucher et ouïe) sont au départ traités par le thalamus, source du langage et porte d'entrée de la conscience. Ils sont donc beaucoup moins efficaces pour évoquer notre passé[3] ». – À quoi l'on peut objecter pourtant que le phénomène de la mémoire involontaire n'a pas pour seule illustration le passage sur la madeleine, mais d'autres aussi, à peine moins célèbres, qui font intervenir l'ouïe, par exemple le bruit de la cuiller contre une assiette dans l'Hôtel du Prince de Guermantes, qui donne au narrateur « l'illusion du bruit d'un marteau d'un employé[4] » sur la roue du train. Ou encore qui font intervenir le toucher, comme celui de la serviette empesée avec laquelle le narrateur s'essuie la bouche : elle a la raideur de celle dont il se servait à Balbec, et aussitôt déploie, « réparti dans ses pans et dans ses cassures, le plumage d'un océan vert et bleu comme la queue d'un paon[5] ». Mais l'objection la plus générale serait la suivante. Proust connaissait, bien évidemment, la théorie des localisations cérébrales, reprise par Auguste Comte et critiquée par Maine de Biran et par Bergson ; or, il ne l'invoque pas pour expliquer les expériences de mémoire involontaire. Il explique la persistance de l'odeur et de la saveur

---

1 *C G*, II, p. 711.
2 Jonah Lehrer, *Proust était un neuroscientifique*, trad. fr., Paris, Robert Laffont, 2011, p. 133.
3 *Ibid.*
4 *T R*, IV, p. 447.
5 *Ibid.*

par le fait qu'elles sont plus « immatérielles » que les autres sensations ; elles portent l'édifice immense du souvenir parce qu'elles sont « comme des âmes[1] », et non pas comme des cerveaux…

L'AMALGAME

On pourrait croire que la piété du souvenir est de l'ordre du sentiment, et que seule une grande passion est inoubliable. Or, pour Proust, il n'en est rien, l'amour s'oublie et les sensations au contraire, par le redoublement de l'impression sont, plus que les sentiments, les conservatrices du passé[2]. *Ce que **peut** une sensation*, le narrateur l'a dit en des termes décisifs : « Mais quand d'un passé ancien rien ne subsiste, après la mort des êtres, après la destruction des choses, seules, plus frêles mais plus vivaces, plus immatérielles, plus persistantes, plus fidèles, l'odeur et la saveur restent encore longtemps, comme des âmes, à se rappeler, à attendre, à espérer, sur la ruine de tout le reste, à porter sans fléchir, sur leur gouttelette presque impalpable, l'édifice immense du souvenir[3] ». Mais – et l'on ne saurait trop le souligner – cette sensation ne nous livre pas qu'elle-même et son double dans le passé ; à la vérité, elle nous livre (et c'est pourquoi le narrateur parle d'un « édifice immense ») tout son entourage, immédiat et lointain, tout ce qui de proche en proche se rattache à elle et s'y amalgame[4]. On ne peut ici s'empêcher de penser à un texte que Proust a beaucoup médité, la *Monadologie* de Leibniz. Les monades ne sont rien autre chose, écrivait Leibniz, que la représentation des phénomènes, et cela de manière si enveloppée qu'en elles l'univers entier s'y représente, à des degrés divers de clarté et de distinction[5]. De

1 *Swann*, I, p. 46.

2 *Ibid.*, p. 44 : « Il en est ainsi de notre passé. […] Il est caché […] en quelque objet matériel (en la *sensation* que nous donnerait cet objet matériel) que nous ne soupçonnons pas ». Nous soulignons.

3 *Ibid.*, p. 46.

4 Le narrateur parle d'*amalgamer* à l'image d'Albertine « la plage et le déferlement du flot » de Balbec (*C G*, II, p. 647).

5 On lit, dans une lettre à M. Duplay, ceci : « Chaque parole reflète la monade qui le dit, mais cette monade est elle-même un reflet de l'univers ». (*Corr.*, K, IX, p. 72. Lettre 35, avril 1909).

même, dans le goût de la madeleine et du thé, se trouvent enveloppés la chambre de tante Léonie, sa vieille maison grise, et la ville avec ses rues, et les chemins de la campagne environnante[1]. C'est d'ailleurs la liaison entre deux sensations de registre différent, saveur et vue, qui permet le surgissement à la conscience de la scène oubliée : « Ce qui palpite ainsi au fond de moi, ce doit être l'image, le souvenir visuel qui, lié à cette saveur, tente de la suivre jusqu'à moi[2] ». Le phénomène de la liaison entre la sensation-mère et les sensations voisines, nous le nommons *amalgame*, et le narrateur en a trouvé l'illustration la plus adéquate dans le jeu japonais des boules de papier qui s'étirent dans l'eau d'un bol, donnant naissance à tout un monde d'objets et de personnages[3] ; il ajoute : « De même maintenant toutes les fleurs de notre jardin et celles du parc de M. Swann, et les Nymphéas de la Vivonne et les bonnes gens du village et leurs petits logis et l'église et tout Combray et ses environs, tout cela qui prend forme et solidité, est sorti, ville et jardin, de ma tasse de thé[4] ».

Une autre métaphore pour dire la puissance de rassemblement du souvenir central sur tout le contexte passé est celle de l'aimantation. Ainsi l'écolier s'amuse à aimanter sa plume pour attirer la grenaille, tout comme ces « mille riens de Combray, et que je n'apercevais plus depuis longtemps, sautaient légèrement d'eux-mêmes et venaient à la

1 « Je m'exaltais de plus en plus au fur et à mesure que j'approfondissais, avec une joie croissante pour moi, le bruit du couteau ou le goût de l'infusion qui avait fait entrer dans ma chambre la chambre de ma tante Léonie, et à sa suite tout Combray, et ses deux côtés » (*T R*, IV, p. 349).

2 *Swann*, I, p. 45.

3 Sur l'origine de cette belle métaphore, il faut rappeler que c'est Marie Nordlinger (la parente de Reynaldo Hahn qui a aidé Proust à traduire Ruskin) qui a envoyé à Proust les « comprimés » japonais qui s'ouvrent dans l'eau. (Voir *Corr.*, K, IV, p. 112, n. 2. Lettre 57 à Marie Nordlinger, avril 1904). Proust voudra plus tard vérifier s'il s'agit bien d'un jeu japonais, et il demande des précisions à René Gimpel : « Connaissez-vous le petit jeu japonais (ou chinois ? lequel ?) qui consiste à mettre des petits papiers dans l'eau, (lesquels) se contournent, devenant des bonshommes, etc. Pourriez-vous demander à des Japonais comment cela s'appelle, mais surtout si cela se fait quelquefois dans du *thé*, si cela se fait dans de l'eau indifféremment chaude ou froide, et dans les plus compliqués s'il peut y avoir des *maisons*, des *arbres*, des *personnages*, enfin quoi » (*ibid.*, X, p. 321. Lettre 158, Cabourg, juillet-août 1911). Le jeu japonais apparaît aussi dans le *Contre Sainte-Beuve*, p. 212.

4 *Swann*, I, p. 47. Ce qu'est l'*amalgame* opéré par la mémoire dans le domaine visuel peut se retrouver dans la notion de *suite* dans le domaine auditif. Comme le remarquait Leibniz, « il ne nous faut que le commencement d'une chanson pour nous faire ressouvenir du reste ».

queue leu leu se suspendre au bec aimanté, en une chaîne interminable et tremblante de souvenirs[1] ». Il est à noter que le simple mot, pourvu qu'il soit considéré dans sa teneur affective plus que dans sa simple signification, peut agir comme la surimpression, ce que Proust exprime encore en faisant appel à la même métaphore de l'aimantation : « Il y a des noms que notre passé a fini par aimanter. Ils traînent après eux, comme de la limaille de fer, mille souvenirs inséparables et attirés[2] ». Le meilleur exemple de cette compénétration entre un nom et une personne aimée, un nom qui devient alors sacré et pour lequel Proust n'hésite pas à emprunter à la religion son vocabulaire, cet exemple se trouve dans *Jean Santeuil*, lorsque le jeune auteur évoque « la voix de ma mère quand elle disait : "Il faut aller vite chez Mongelard chercher une tarte". *Un nom qui contient de la voix de ma mère*, du temps même en train alors de s'écouler [...] contient pour moi plus de divin [...] que la relique qui contiendrait du sang du Christ[3] ». Le nom « contient de » la voix de la mère comme la madeleine dans le thé *contient* tout Combray et ses environs, tout comme la monade leibnizienne « enveloppe » tous les événements de son passé, et aussi ceux qui lui surviendront.

Ainsi, l'impression réitérée qui se fraie un chemin vers la conscience par la mémoire involontaire veut reconstituer autour d'elle le monde d'où elle vient, dans son entièreté. Elle agit tout comme si, en saisissant un grain de raisin, on tirait avec lui toute la grappe... Et non seulement toute la grappe, mais aussi la main qui la tient, puisque l'impression redoublée livre avec elle tout son entourage, et aussi le moi d'alors qui l'éprouvait. Les souvenirs « refaisaient en moi, de moi tout entier, l'adolescent qui les avait vus. Il n'y avait pas eu seulement changement de temps dehors, ou dans la chambre modification d'odeurs, mais en moi différence d'âge, substitution de personne. L'odeur dans l'air glacé des brindilles de bois, c'était comme un morceau du passé, une banquise invisible détachée d'un hiver ancien qui s'avançait dans ma chambre[4]... ».

1 *T R*, IV, p. 463.

2 *Corr.*, K, XIII, p. 122. Lettre 55, à Émile Straus, 24 mars 1914.

3 Éd. citée, p. 319. Nous soulignons. On peut penser aussi à tel passage de *Le Côté de Guermantes* : « Et le nom de Guermantes d'alors est aussi comme un de ces petits ballons dans lesquels on a enfermé de l'oxygène ou un autre gaz : quand j'arrive à le crever, à en faire sortir ce qu'il contient, je respire l'air de Combray de cette année-là, de ce jour-là, mêlé d'une odeur d'aubépines agitée par le vent du coin de la place, précurseur de la pluie » (II, p. 312).

4 *Prisonnière*, III, p. 535.

La loi de l'amalgame que résume, parmi bien d'autres possibles, ce dernier texte, s'explique par un axiome proustien, dont on ne saurait exagérer l'importance, axiome qui déclare : « *Tout ce qui est d'un même temps se ressemble*[1] », se ressemble et par conséquent s'assemble. C'est l'appartenance à une même coquille de temps qui crée une solidarité entre les réalités d'un même vécu et qui les pousse, comme on le dit d'un joueur, à « se refaire ».

Or, la restauration de l'unité que nous voyons à l'œuvre dans l'amalgame, n'est-ce pas un des traits essentiels de la *vie* ? On sait en effet que certains vivants (les méduses par exemple, ou les anémones de mer) ont le pouvoir, une fois coupés en deux, de reproduire l'animal entier à partir de chacune des parties. Ce qui montre que le mouvement profond de la vie est bien de reconstituer toujours une totalité lorsque celle-ci est lésée, ou encore d'assimiler un corps primitivement étranger, comme dans le cas de la greffe lorsqu'elle est compatible. Le corps blessé cherche à restaurer son intégrité par cette puissance interne qui sans cesse tisse et retisse l'étoffe sans couture des êtres vivants. Et c'est bien comme puissance d'assurer la continuité que Proust conçoit la vie, quand il écrit à Reynaldo Hahn : « Il faut une bien grande vitalité pour maintenir et faire vivre intact le "moi" d'il y a quelques semaines[2] ». Nous rencontrons ici un autre des grands axiomes de la *Recherche*, selon lequel « *la continuité [...] est le principe même de la vie*[3] ». En effet, nous avons vu précédemment que la discontinuité entre les différents états du moi était appelée « mort » par le narrateur. Et il est bien vrai que la mort soit dispersion : quand le vieux menuisier est mort, ses meubles sont vendus à l'encan ; ses outils – la gouge, le bédane et la varlope, le trusquin aussi – sont dispersés aux quatre vents. Son corps même se désintègre : bientôt « l'argile rouge a bu la blanche espèce », comme au cimetière marin...

Cet effort, de la part de l'impression redoublée, pour reconstruire le monde auquel elle appartenait, on a pu l'interpréter comme une

---

1 *J F F*, I, p. 446. Nous soulignons. Voir aussi *T R*, IV, p. 455, où le narrateur énumère tout ce qui est « attaché à la sensation » de la serviette empesée. Ou encore *C G*, II, p. 658 : « Albertine tenait, liées autour d'elle, toutes les impressions d'une série maritime qui m'était particulièrement chère. Il me semblait que j'aurais, sur les deux joues de la jeune fille, embrassé toute la plage de Balbec ».

2 *Corr.*, K, XIV, p. 358. Lettre 176 du 24 octobre 1914.

3 *A D*, IV, p. 112. Nous soulignons.

illustration des lois de l'association des idées. Mais cette conception mécaniste des lois de la psychologie est, semble-t-il, bien loin des conceptions proustiennes, même si l'on emploie pour l'illustrer des métaphores qui pourraient aller dans ce sens, comme nous l'avons fait en parlant du grain de raisin auquel tient toute sa grappe. Mais une simple comparaison ne constitue pas une théorie. En effet la sensation, même si elle a pour origine un ébranlement matériel, est une réalité psychique ; elle est un vécu et, en tant que tel, elle appartient au sujet. C'est pourquoi le narrateur peut employer cette expression remarquable de « sensations immatérielles[1] » à propos de Swann, rappelant ainsi que la sensation est elle aussi, comme la peinture pour Léonard de Vinci, *cosa mentale.* Cela, *Le Temps retrouvé* l'affirme en toute netteté : « C'est que les choses – un livre sous sa couverture rouge comme les autres – sitôt qu'elles sont perçues par nous, deviennent en nous *quelque chose d'immatériel,* de même nature que toutes nos préoccupations ou nos sensations de ce temps-là, et se mêlent indissolublement à elles[2] ». De plus, dans l'extase temporelle, il ne s'agit pas seulement de la sensation, mais aussi du souvenir, lequel ne peut être que de nature spirituelle. C'est pourquoi la reconstitution du monde entourant l'impression redoublée de la mémoire involontaire obéit aux lois du monde intelligible bien plus qu'à celles de l'association mécanique des idées. Les intelligibles sont sans matière ; c'est pourquoi ils se compénètrent et renferment la totalité intelligible dans toute idéalité particulière.

Mais ce sur quoi il faut insister, c'est que ces êtres – sensations immatérielles, souvenirs – pour être spirituels, ne sont pas rien pourtant ; le temps ne les a pas anéantis sans retour et s'ils reviennent, n'est-ce pas la preuve qu'ils séjournent encore dans l'être, et ne sont point abolis ? Ils sont « ce que la vie qui, *tout en semblant passer, est bien quelque chose,* a laissé[3] ». Et, demande encore Jean Santeuil, « ce que vous avez senti, les heures mêmes que vous avez vécues, ce qui semble n'être plus que de l'âme, de l'immatériel, du souvenir, ne semble-t-il pas que vous l'ayez là, œuvre lente et charmante de ces heures mêmes qui étaient douces, *quelque chose de réel et de vivant*[4]... ». Même si nous hésitons à rapprocher de tels textes

1 *Swann*, I, p. 263.
2 IV, p. 463. Nous soulignons.
3 *Jean Santeuil*, p. 318. Nous soulignons.
4 *Ibid.* Nous soulignons.

du vers de Parménide : « Vois comment les choses absentes sont faites par l'esprit solidement présentes », nous rappellerons que, comme nous l'apprend Julia Kristeva, « Proust a lu l'édition des *Ennéades* de Plotin dans la traduction de M. Bouillet[1] ». Or, la conception plotinienne du monde intelligible, c'est-à-dire du monde des essences, illustre à merveille le phénomène proustien de l'*amalgame* que nous analysons.

Dans le monde intelligible de Plotin, tout est lumière et par suite tout est transparence. Chaque essence peut y être soi-même et contenir toutes les autres en même temps, puisque la matière n'est pas là pour y faire régner l'antitypie, c'est-à-dire l'impénétrabilité, et par suite l'obscurité, réciproque. Ce qui explique que dans l'intelligible l'élément entraîne toujours à sa suite la totalité, et que dès qu'une partie semble se détacher, aussitôt la totalité elle-même se reforme. Le goût de la madeleine et du thé reconstitue Combray et ses environs, le narrateur et l'enfance, et tante Léonie… Plotin évoque ce monde idéal en des termes inspirés :

> Là-bas, la vie coule de source[2]. […] Tout est transparent, rien n'est obscur ni résistant, mais tout est clair pour tout autre jusque dans son intériorité et partout. En effet, la lumière est manifeste pour la lumière. Par suite, chacun possède tout en soi-même et en retour voit tout en l'autre, si bien que tout est partout, tout est tout et chacun est tout. […] Chaque être singulier met en relief sa différence, et pourtant tous les autres y apparaissent[3].

La réapparition, sous forme d'idéalité, du passé englouti peut seule expliquer le sentiment de plénitude et la joie qui nous envahit soudain : comment rendre compte autrement que par le nimbe spirituel qui l'accompagne le fait qu'il y a plus dans la réapparition que dans l'apparition première[4] ? « La beauté de Balbec, s'exclame le narrateur, je ne l'avais pas trouvée quand j'y étais[5] ». Si cette beauté de Balbec est trouvée alors même qu'il n'y est plus, c'est bien parce qu'il en possède désormais l'*essence*, parce qu'il la possède *en vérité*[6].

1 *Le Temps sensible*, *op. cit.*, p. 263, n. 1. Cette traduction française en 3 volumes de Marie-Nicolas Bouillet fut publiée à Paris en 1857-1861.

2 Expression empruntée par Plotin à *L'Iliade* d'Homère, Chant VI, vers 138.

3 *Ennéades* V, 8, 4, lignes 1-11. Nous traduisons.

4 Voir *Esquisse* XXIV du *Temps retrouvé*, IV, p. 814 : « Un simple moment du passé ? *Plus* peut-être… ». Nous soulignons.

5 *T R*, IV, p. 455.

6 L'*Esquisse* XXVIII du *Temps retrouvé* parle (p. 841) de « ces impressions qui nous aiguillonnent de *la pointe de vérité* que nous sentons à l'intérieur ». Nous soulignons.

Qu'un fragment du vécu nous donne tous les autres, par amalgame, constitue donc la signature de la nature toute spirituelle du phénomène de la surimpression. Si ce dernier sauve le souvenir, il sauve aussi celui qui se souvient car lui aussi se trouve pris dans l'amalgame. Le pêcheur est pris dans son propre filet. Celui qui cherche est aussi celui qui est cherché, celui qui trouve est en même temps celui qui est trouvé. La mémoire a développé mes souvenirs, qui ont formé un monde, et ce monde à son tour m'a enveloppé dans ses plis et m'a rendu à moi-même : « Imbibant la forme de la colline, associé au goût du chocolat et à toute la trame de mes pensées d'alors, ce brouillard, sans que je pensasse le moins du monde à lui, vint mouiller toutes mes pensées de ce temps-là, comme tel or inaltérable et massif était resté allié à mes impressions de Balbec[1]… ».

L'INCONSCIENT

Dans nos développements sur le *sentir originaire*, nous avons insisté sur la défiance du narrateur vis à vis de l'activité intellectuelle du sujet. L'examen de la position de ce même sujet eu égard à ce que Proust nomme l'« inconscient » va nous permettre de nuancer cette mise en question de l'intelligence ; nous nous apercevrons qu'un grand rôle est néanmoins réservé à cette dernière dans la reviviscence du passé, lors de la répétition de deux impressions identiques. C'est en effet l'effort de l'intellect qui met au jour le retour du passé lorsque celui-ci n'apparaît pas tout de suite : c'est le cas de la madeleine par exemple. Proust écrit en ce sens à Jean de Pierrefeu : « Tout mon effort […] est d'amener ce ténébreux inconscient à la pleine lumière de l'intelligence[2] ». On ne peut donc pas parler d'anti-intellectualisme chez Proust, et il n'y a pas pour lui de contradiction puisque la recherche intellectuelle *succède* au sentir originaire[3]. Le narrateur va d'ailleurs jusqu'à opérer un parallèle entre le travail de l'intelligence chez le savant et le même travail chez

1 *C G*, II, p. 380.

2 *Corr.*, K, XIX, p. 49. Lettre 9, du 4 janvier 1920.

3 « Je ne crois même pas à l'intelligence *première* en nous ; […] je pose avant elle l'inconscient qu'elle est destinée à clarifier – mais qui fait la réalité, l'originalité d'une œuvre » (*Corr.*, K, XVIII, p. 388. Lettre 219 de Proust à Jacques Rivière, septembre 1919).

l'artiste, et ce parallèle lui donne occasion de souligner la spécificité de l'intervention intellectuelle dans l'activité de ce dernier : « L'impression est pour l'écrivain ce qu'est l'expérimentation pour le savant, avec cette différence que chez le savant le travail de l'intelligence précède et chez l'écrivain vient après[1] ».

La réalité inconsciente joue un rôle important dans l'économie de la *Recherche*, et c'est sans surprise que nous voyons Proust féliciter chaudement René Rousseau pour son étude sur « Marcel Proust et l'esthétique de l'inconscient », en lui écrivant qu'il s'agit là de « l'étude la plus profonde et la plus belle qu'on eût écrite sur moi[2] ». L'inconscient est au travail dans l'écriture, et c'est par un retour sur ce qu'elle manifeste de nous que nous pourrons nous rendre compte de l'ossature[3] particulière, si l'on peut dire, de notre psychisme : « En me lisant moi-même, j'ai dégagé après coup des traits constitutifs de mon inconscient[4] ».

Il faut poser l'existence d'un inconscient dès que l'on s'aperçoit que notre réalité psychique n'est pas appréhendée intégralement et adéquatement par nous, ou en d'autres termes lorsque son être ne se réduit pas à son paraître, à son apparition à soi-même. Or, la transparence apparente du *cogito* laisse un résidu, si bien que la *psychè* peut se cacher à elle-même : « On ne sait jamais ce qui se cache dans notre âme[5] », constate le narrateur. C'est pourquoi il sent qu'il est nécessaire de dépasser le terrain ordinairement réservé à la psychologie par la conception académique française de l'époque, à savoir celui de la conscience, et s'oriente vers ce qui « va plus loin en psychologie que la psychologie[6] », et qui ne peut être rien autre que l'inconscient. Or, ce n'est pas par simple goût de l'analyse psychologique que Proust se penche sur le problème de l'inconscient, c'est parce que cette réalité interfère avec celle du souvenir et de la mémoire involontaire, et par suite intervient dans l'élaboration de son esthétique. Dans son étude sur le style de Flaubert, et après avoir évoqué la scène de la madeleine, Proust parle en

1 *T R*, IV, p. 459.
2 *Corr.*, K, XXI, p. 44. Lettre 18, du 22 janvier 1922. Cette étude a paru dans le *Mercure de France* du 15 janvier 1922, t. 153, p. 361-386.
3 L'expression est de Proust, qui parle de « cette grande ossature inconsciente que recouvre l'assemblage voulu des idées » (*Essais et articles*, « Préface », p. 611).
4 *Corr.*, K, XII, p. 180. Lettre 80, à Jacques Copeau, 22 mai 1913.
5 *A D*, IV, p. 128.
6 *Ibid.*, IV, p. 3.

effet de « la valeur que je trouve à ces *ressouvenirs inconscients* sur lesquels j'assois, dans le dernier volume – non encore publié – de mon œuvre, *toute ma théorie de l'art*[1] ». Ainsi, la réalité inconsciente, sans l'intervention de l'intelligence, est aveugle, ou sourde : on le voit dans la scène des arbres d'Hudimesnil[2], où l'impression première reste prisonnière dans le geste désespéré des branches qui finissent par s'éloigner dans la nuit. Mais l'intelligence ne peut rien seule et, toujours chronologiquement seconde, peut et doit préserver la vie du souvenir inconscient qu'elle tire à la lumière, c'est-à-dire lui permettre d'être toujours *éprouvé*, et pas seulement représenté. Il y a donc un équilibre délicat à préserver entre une réalité et un moyen de connaissance ; c'est de cet équilibre que naissent les réussites de la mémoire involontaire : « Il s'agit de tirer hors de l'inconscient pour la faire entrer dans le domaine de l'intelligence, mais en tâchant de lui garder sa vie, de ne pas la mutiler, de lui faire subir le moins de déperdition possible, une réalité que la seule lumière de l'intelligence suffirait à détruire semble-t-il[3] ».

Mais de quoi parle-t-on au juste lorsque l'on parle d'« inconscient » ? Ce mot se dit en plusieurs sens, et il faut d'abord écarter, pour conserver au concept toute sa précision, le sens où la méconnaissance de soi est simplement le fruit d'une erreur sur soi, erreur commise de bonne foi si l'on peut dire. Ce sens est présent chez Proust, par exemple lorsque le narrateur s'étonne de constater la profondeur de son attachement pour Albertine sitôt que « Mademoiselle Albertine est partie[4] », alors qu'avant son départ, il ne la supportait qu'à peine et pensait à la quitter : « Ce que j'avais cru n'être rien pour moi, c'était simplement toute ma vie. Comme on s'ignore[5] ». Mais cette ignorance – cette inconscience – n'est pas le produit d'un déguisement, elle est l'innocent produit d'une erreur : « *Je m'étais trompé* en croyant voir clair dans mon cœur[6] ». L'opacité de

1 « À propos du "style" de Flaubert », dans *Essais et articles*, p. 599. Nous soulignons. On trouve une formulation encore plus nette dans une lettre de Proust à Paul Morand : « Nous n'avons plus qu'à subir sans frein ce que nous dicte notre inconscient. Et c'est là toute mon esthétique ». Dans la suite de la lettre, Proust oppose « l'impression véritable » à la « simple notation » réaliste, et déclare que seule l'impression laisse « parler l'inconscient » (*Corr.*, K, XVIII, p. 423. Lettre 242, octobre 1919).

2 *J F F*, II, p. 76 *sqq.*

3 *Corr.*, K, XX, p. 497. Lettre 292, à André Lang, octobre 1921.

4 *A D*, IV, p. 3.

5 *Ibid.*

6 P. 3. Nous soulignons.

l'ignorance cède tout de suite à la lumière de la vérité, si bien qu'il ne faudrait pas parler ici d'inconscience, mais d'inscience.

Plus proche de ce que nous appelons maintenant « inconscient » semble être, dans la *Recherche*[1], la scène un peu cruelle où le narrateur dévoile la mauvaise foi de Françoise qui, réveillée en pleine nuit pour soigner la fille de cuisine, verse un torrent de larmes en lisant dans le livre de médecine qu'on lui a envoyé chercher la description des douleurs de la malade, alors qu'elle ne manifeste ensuite qu'indifférence et sarcasmes devant les maux réels de la malheureuse. Si Françoise est persuadée posséder un cœur d'or alors qu'il n'en est rien, c'est peut-être bien la conséquence d'une erreur sur soi-même, mais à coup sûr cette erreur n'est à aucun titre innocente ! Or la mauvaise foi, autrement dit le mensonge à soi-même, exige pour être expliquée la position d'un psychisme inconscient, comme le freudisme l'a suffisamment montré. En effet, si l'on en reste sur le seul plan de la conscience, comment se mentir sans savoir que l'on se ment ?

Mais nous ne pouvons pas nous contenter, lorsque nous lisons les textes où interviennent ce que Proust nomme lui-même « de grands déclenchements de l'inconscient[2] », de les interpréter à travers ce que la psychanalyse nous a appris au sujet de ce qu'elle appelle l'inconscient. Nous nous heurterions en effet à l'affirmation incontournable de Proust déclarant péremptoirement à Roger Allard : « Si je n'ai pas compris la phrase sur Freud, *c'est que je n'ai pas lu ses livres*[3] ». Cela n'interdit pas bien sûr, et l'on ne s'en est pas privé, de proposer une lecture psychanalytique de l'œuvre proustienne, mais notre propos est simplement ici de cerner, autant que faire se peut, le sens précis du concept d'inconscient à l'œuvre dans la pensée de Proust.

Notons pour commencer que si la conception freudienne de l'inconscient est originale, la notion même d'inconscient n'a pas été inventée par Freud ; elle lui est bien antérieure, et si nous voulons avoir quelque chance de cerner le sens que Proust lui donne, il faut que nous analysions brièvement ses différentes acceptions.

---

1 *Swann*, I, p. 121.

2 *Corr.*, K, XIV, p. 293. Lettre 141, à Lucien Daudet.

3 *Ibid.*, XX, p. 447. Lettre 263, septembre 1921. Nous soulignons. De son côté, Freud lira Proust, mais sans l'apprécier et peut-être, rebuté par son style, sans le comprendre (voir sa lettre à Marie Bonaparte du 4 janvier 1926, dans Céline Surptenant, « Freud and psychoanalysis », *Marcel Proust in context*, publié par Adam Watt, Cambridge, Cambridge University Press, 2013, p. 107-114, ici p. 112).

Dans le terme d'*in*conscient, tout est dit dans le préfixe, et ce préfixe annonce une négation ; il y aura donc autant de types d'inconscients que de manières possibles de nier. À vrai dire, il y en a trois principales.

Tout d'abord, il y a ce que Kant nommait le *nihil negativum*, c'est-à-dire le rien absolu, le rien du tout. Dans cette optique, l'inconscient ne peut qu'être le lot de ce qui n'est à aucun titre psychique, un néant de conscience, une absence de toute réalité d'ordre psychologique. Pour Descartes par exemple, le champ de la conscience définit le psychisme tout entier : le psychisme est coextensif au conscient, et réciprocable avec lui, et l'âme n'a point de double fond[1]. Ainsi, le sujet est toujours dans son propre secret ; lucide, il est toujours translucide aussi. Les phénomènes que l'on a l'habitude de déclarer « inconscients » sont alors pris en charge par la mécanique du corps et donnent lieu à ce que l'on peut nommer un *inconscient organique*. On peut se sentir triste alors que l'âme n'est pas à l'origine de cette tristesse, mais simplement parce que notre corps est indisposé, et que nous ne le savons pas[2].

Ensuite, la négation de la conscience dans le terme d'*in*conscient peut relever aussi de ce que Kant appelait le *nihil privativum*, c'est-à-dire une absence qui n'est pas celle d'un rien, mais celle d'une simple privation de présence actuelle, d'un manque de conscience qui peut être momentané – bref, une éclipse. Cet inconscient n'est plus, comme le précédent, organique, mais psychique déjà ; il est impliqué dans la distinction qu'introduisait Leibniz entre *perception* et *aperception*. L'aperception désigne la conscience, et la perception est la représentation en toute âme des choses externes dont on n'a pas la connaissance réflexive, mais qui existe tout de même. Ici l'inconscient est alors l'ensemble des « perceptions dont on ne s'aperçoit pas[3] ». Le psychisme propre à cet inconscient compris comme privation de conscience est un psychisme potentiel, c'est-à-dire le lieu où se trouvent nos pensées quand nous n'y pensons pas. Il est la mise entre parenthèses et le retrait dans l'implicite d'une réalité que l'on possède en puissance, en sous-jacence au-dessous de son seuil d'apparition. Ce concept d'existence virtuelle est d'origine aristotélicienne, et il met en œuvre la grande distinction opérée par Aristote entre *puissance* et *acte*.

1 Voir *Traité des Passions de l'âme*, article 19 : « Il est certain que nous ne saurions vouloir aucune chose que nous n'apercevions par ce même moyen que nous la voulons ».

2 Voir *ibid.*, article 94.

3 *Principes de la Nature et de la Grâce*, article 4.

Une pensée en acte est une pensée consciente ; une pensée inconsciente, c'est-à-dire une pensée à laquelle nous ne pensons pas, est une pensée en puissance, ou potentielle, ou virtuelle, d'un psychisme à l'état latent.

Mais il existe une troisième conception du négatif, celle que Kant avait pressentie dans son essai pré-critique intitulé *Pour introduire en philosophie le concept de grandeur négative.* Ici, le négatif n'est pas le rien (l'inconscient comme néant de conscience) ; il n'est pas non plus une virtualité (l'inconscient comme privation de conscience) ; il est une réalité à part entière, un terme qui s'oppose à un autre et qui le nie. Dans ce cadre, l'inconscient est alors une instance psychique opposée à une autre, à savoir la conscience, une instance qui a ses lois propres et sa vie propre. L'inconscient est une réalité *opposée* au conscient, c'est ce en quoi réside sa négativité. Il lutte contre la conscience qui le refoule dans le non-apparent, dans la non-manifestation directe, dans le non-dit. On reconnaît ici les bases de la conception freudienne.

Demandons-nous maintenant dans laquelle de ces trois conceptions possibles se situe la conception proustienne de l'inconscient. On peut repérer dans la *Recherche* bien des analyses qui illustrent la thèse d'un inconscient organique. Nous les avons faites valoir ailleurs[1], et nous n'y reviendrons pas ici, puisqu'aussi bien un inconscient purement organique, et quelle que soit l'importance du corps chez Proust, ne saurait prendre en charge la thématique du souvenir et de la temporalité, dont l'essence même est de nature psychique[2]. Est-ce à dire qu'il faille rattacher l'inconscient proustien au freudisme ? Nous avons vu qu'il ne saurait y avoir d'influence directe, puisque Proust ne connaissait de Freud que le nom. On peut objecter, il est vrai, que deux grands génies peuvent faire parallèlement les mêmes découvertes, mais malgré un rapprochement avec Freud d'importance capitale, que nous signalerons plus loin, nous croyons que la conception proustienne de l'inconscient se rattache à la seconde des trois catégories que nous venons de distinguer[3].

L'inconscient proustien se présente en effet essentiellement comme le lieu psychique où se trouve sauvegardé tout ce que nous avons

1 Voir notre ouvrage sur *Maine de Biran, penseur de l'immanence radicale*, Paris, Seghers, « Philosophie », 1974, p. 87-89.

2 Voir *A D*, IV, p. 135 : « Le souvenir [...] est spirituel ».

3 Le narrateur d'ailleurs l'affirme en toutes lettres : « Je ne contenais en moi qu'*à l'état virtuel* le souvenir de ce qu'elle [sa grand-mère] avait été » (*S G*, III, p. 153). Nous soulignons.

vécu, et que la mémoire volontaire est impuissante à nous restituer. Il constitue notre véritable plénitude, un maintien de nous-même en nous-même puisqu'il nous révèle que nous sommes contemporains à ce que nous avons été (et que par suite nous sommes encore *là*, toujours *là* en totalité), même si cette révélation est intermittente et le fruit d'un hasard heureux. Si le souvenir volontaire est pâle et comme décoloré, c'est parce qu'en fait il signale une absence de soi à soi, n'étant pas en prise sur la réalité inconsciente qui est le réservoir de la vraie vie.

L'inconscient sauveur de la vie ? Ces mots sont la doctrine même du narrateur, lorsqu'il avance que c'est grâce à l'*oubli* (l'inconscient conçu comme psychisme virtuel) que la mémoire involontaire peut nous restituer notre vie :

> C'est grâce à cet oubli seul que nous pouvons de temps à autre retrouver l'être que nous fûmes. [...] Au grand jour de la mémoire habituelle, les images du passé pâlissent peu à peu, s'effacent, il ne reste plus rien d'elles, nous ne le retrouverons plus. Ou plutôt nous ne le retrouverions plus, si quelques mots [...] n'avaient été soigneusement *enfermés dans l'oubli*[1].

La mémoire involontaire peut donc être définie précisément comme la mémoire apte à exprimer l'inconscient, sous certaines conditions signalées plus haut. L'inconscient proustien est notre bain de jouvence, il est en nous comme une sève qui ne demande qu'à percer son écorce.

Que le temps perdu ne le soit pas pour tout le monde, qu'il ne le soit pas pour l'inconscient en tout cas prouve que celui-ci est une pièce majeure dans l'économie de la *Recherche* : il est, répétons-le, la condition de possibilité de la mémoire involontaire. Mais pourquoi l'œuvre de Proust est-elle intitulée *À la recherche du temps perdu*, *perdu* et non pas *oublié*? Peut-être parce qu'il y a dans « perdu » un degré de fuite de plus que dans « oublié » : on peut remettre facilement la main sur un objet oublié, plus difficilement sur un objet perdu. Sans le miracle de la surimpression, le temps perdu le resterait. D'autre part, ce qui est perdu existe encore avant d'être retrouvé ; de même nos souvenirs ne se sont pas volatilisés parce qu'oubliés ; ils existent en eux-mêmes en puissance ; ils sont comme les vérités de la science, qui « ne se fabriquent pas, mais *se découvrent*. [Ils] nous appellent, on les pressent, il faut souvent

1 *J F F*, II, p. 4. Nous soulignons.

longtemps pour les tirer du fond obscur de son cœur[1] ». Cet appel à la science ne doit pas nous surprendre ; Proust en effet n'enferme pas chaque mémoire dans des expériences sans autre portée que personnelle ; il entend au contraire, par ses analyses, atteindre à l'universel de toute vie psychique, et le fait qu'elle soit involontaire n'entame en rien sa valeur générale : « Je ne m'attache qu'à ce qui me semble [...] déceler quelque loi générale. [...] Nous devons en quelque sorte le pêcher dans les profondeurs de notre inconscient[2] ».

La vie inconsciente se caractérise par sa richesse ; son extension est infiniment plus grande que celle de la vie actuelle, qui reste rivée à l'heure présente. Elle est le réceptacle de nos vies antérieures, dont l'histoire est comme écrite en nous, même si notre paresse nous empêche d'en feuilleter le récit. Le narrateur mobilise pour le dire la métaphore de la bibliothèque, où sommeillent des volumes qui ne demandent qu'à sortir. « Chaque jour ancien, note-t-il dans *Albertine disparue*, est resté déposé en nous comme dans une bibliothèque immense où il y a des plus vieux livres un exemplaire que sans doute personne n'ira jamais demander[3] ». Car il y aura toujours dans cette bibliothèque plus de volumes qu'on n'en pourra lire.

Mais la richesse de l'inconscient n'est pas seulement celle du nombre de souvenirs ; elle est surtout – et plus subtilement – la richesse produite par ce que nous nommerons un *surplus*. Tout se passe comme si, en effet, il y avait un *plus* à revivre le passé plutôt qu'à le vivre. Nous touchons là au grand mystère de la *Recherche* : comment se fait-il qu'une répétition, au lieu de nous livrer la même chose que ce qu'elle répète (voire moins comme dans l'habitude passive) nous livre plus, et infiniment plus ? Ce phénomène surprenant, Proust le souligne lui-même dans une lettre à André Foucart :

> Ce qui est central dans mon morceau sur la tasse de thé, [...] c'est la béatitude que cause le phénomène de la mémoire et qui est évidemment indépendant de la saveur même de la madeleine, *qui ne devait pas, quand j'étais enfant, me paraître divine*[4].

1 *Corr.*, K, XIX, p. 736. Lettre 402, à Gaston Gallimard, juillet 1916. C'est Proust qui souligne.

2 *Ibid.*, XII, p. 230-231. Lettre 103, à Louis de Robert, juillet 1913. C'est pourquoi les lecteurs de la *Recherche* ne sont pas, à dire vrai, les lecteurs de Proust, « mais les propres lecteurs d'eux-mêmes » (*T R*, IV, p. 610).

3 IV, p. 125.

4 *Corr.*, K, XXI, p. 665. Lettre 498. Nous soulignons.

D'où peut alors venir ce surplus de jouissance, si ce n'est de la préservation de notre être dans l'épaisseur de la vie inconsciente, qui a conservé le souvenir comme dans la cave où se bonifie le vin ? D'où, sinon de l'inconscient[1] ?

Pour contrebalancer ce que peuvent avoir de statique les métaphores de l'archivage et de la bibliothèque, il faut souligner le dynamisme de la vie inconsciente. Celle-ci, comme nous l'avons vu, est le domaine de ce qui existe en puissance ; or, la « puissance » précisément possède une certaine puissance, un certain dynamisme (comme le dit l'étymologie grecque du terme). Elle est une source de mouvement – ce qui explique que l'inconscient ne soit pas qu'un simple musée, un conservatoire. Simplement, la force du psychisme souterrain est une force entravée, sa dynamique est inaccomplie et sa parole, étouffée. La métaphore qui exprime le mieux ce caractère comprimé du souvenir inconscient est celle de la *prison* : le prisonnier veut s'échapper, revenir au grand jour, dans un double mouvement : un mouvement d'aspiration de l'inconscient jusqu'à la « claire conscience[2] », mais aussi un mouvement de traction de la part de l'esprit pour en délivrer le contenu qui s'y trouve emprisonné. Mais ces deux mouvements n'arrivent pas toujours à se rejoindre, comme deux mains qui se tendent l'une vers l'autre sans parvenir à se toucher : alors le prisonnier retombe dans sa prison, comme les trois arbres d'Hudimesnil, non reconnus par le narrateur, et qui semblent lui dire : « Ce que tu n'apprends pas de nous aujourd'hui, tu ne le sauras jamais. Si tu nous laisses retomber au fond de ce chemin d'où nous cherchions à nous hisser jusqu'à toi, toute une partie de toi-même que nous t'apportions tombera pour jamais au néant[3] ». Les souvenirs inconscients se laissent donc parfois simplement pressentir ; ils sont comme des âmes enfermées qui se désespèrent de n'être pas délivrées, comme on peut le voir dans « la croyance celtique » que le narrateur emprunte à Michelet : « Je trouve très raisonnable la croyance celtique que les âmes de ceux que nous avons perdus sont captives dans quelque être inférieur, dans une bête, dans un végétal, une chose inanimée, perdues en effet pour nous jusqu'au jour, qui pour beaucoup ne vient jamais,

1 Dans *La Prisonnière*, III, p. 842, le narrateur parle du « sommeil fort vivant et créateur de l'inconscient ».

2 *Swann*, I, p. 46.

3 *J F F*, II, p. 79.

où nous nous trouvons passer près de l'arbre, entrer en possession de l'objet qui est leur *prison*[1] ».

On voit tout de suite combien la conception proustienne de l'inconscient diffère de celle de Freud. Chez ce dernier en effet, le contenu inconscient résulte d'un refoulement des pulsions hors de la conscience. C'est pourquoi lorsque ces pulsions, déjouant la censure, parviennent à se manifester partiellement dans les actes manqués ou dans le travail du rêve par exemple, elles semblent « remonter d'un véritable enfer » : les souhaits de mort, par exemple, et même à l'encontre de personnes chères, y sont monnaie courante. L'inconscient proustien au contraire, livré par la mémoire involontaire, nous fait éprouver « une puissante joie » ; les souvenirs qui l'habitent ont un parfum de paradis. Le retour des impressions heureuses n'est pas bloqué par la force brutale du refoulement ; il est produit par la négligence et la paresse, le laisser-aller de l'habitude ou les « buts pratiques[2] » : « Je m'apercevais que [...] cette impression, nous nous empressions de la laisser tomber au plus obscur de nous-même, [...] nous empressant de lui substituer [...] un prétendu équivalent intellectuel[3] ». Cet équivalent intellectuel est, nous l'avons vu, la représentation mentale, « les secs mementos d'où est absent tout ce que nous avons réellement éprouvé[4] ».

Une autre différence entre Proust et Freud concerne le rôle du rêve dans la manifestation de l'inconscient. Certes le narrateur est sensible à l'importance de l'expérience onirique ; elle intervient dans la construction de sa « cathédrale », et il l'appelle sa muse nocturne : « Je ne dédaignerai pas cette muse nocturne qui suppléerait parfois à l'autre[5] ». Mais elle n'est qu'un adjuvant ; elle est secondaire, et c'est « à tort » qu'elle nous fait croire qu'elle est « un des modes pour retrouver le Temps perdu[6] ». La plongée dans le passé que le rêve opère ne dure en effet qu'un instant ; les souvenirs qu'il avait réactualisés reprennent au réveil leur « distance[7] ». Or pour Freud au contraire, on le sait, le rêve a toujours été « la voie royale » qui mène à l'inconscient. Et à ce titre, le rêve chez

1 *Swann*, I, p. 43-44 et p. 1122 (note de la page 44). Nous soulignons.
2 *T R*, IV, p. 821 (*Esquisse* XXIV).
3 *Ibid.*, p. 819.
4 P. 821.
5 *T R*, IV, p. 493.
6 *Ibid.*, p. 491.
7 P. 490.

Freud semble jouer le rôle que joue la mémoire involontaire chez Proust : « Le rêve révèle le passé. Car c'est du passé qu'il provient[1] », écrit Freud.

Ce dernier rapprochement prélude à la grande parenté de doctrine qui, par-delà les divergences que nous venons de signaler, unit étroitement inconscient proustien et inconscient freudien, sans qu'il y ait eu, nous l'avons vu, aucune influence directe de l'un sur l'autre. Nous savons que pour Freud l'inconscient est aveugle au temps[2] ; c'est pourquoi un traumatisme de la petite enfance lui est encore contemporain pour l'adulte ou le vieillard. De même la vie inconsciente, chez Proust comme chez Freud, « n'est pas [...] soumise à la catégorie du temps[3] ».

L'inconscient dont Proust fut l'explorateur intrépide va recevoir des prolongements métaphysiques : le retour du passé vécu comme un présent dans le souvenir de la mémoire involontaire témoigne du fait que l'inconscient transcende le temps, qu'il est le royaume de l'immémorial et, comme tel, un réservoir d'éternité. Si le temps peut être retrouvé c'est qu'il n'avait, d'un certain point de vue, jamais été vraiment perdu, et que le passé n'est pas vraiment anéanti tant qu'existe un homme qui se souvient. La nuit de l'inconscient n'est pas seulement la nuit de l'oubli, elle est aussi la nuit maternelle de Novalis, celle qui a gardé le passé dans ses bras pour nous le rendre. À sa voix, comme Lazare sortant du tombeau, en nous se lève l'enfant que nous étions.

---

1 *La Science des rêves*, trad. fr. d'I. Meyerson, p. 608. (Nous préférons cette édition ancienne, car elle contient deux études d'Otto Rank supprimées dans les éditions plus récentes).

2 « L'inconscient est intemporel » (*Les premiers psychanalystes. Minutes (III) de la Société psychanalytique de Vienne, 1910-1911.* Trad. fr., Paris, Gallimard, 1979.

3 *S G*, III, p. 371.

TEMPS ET ÉTERNITÉ

La *Recherche* est comme encadrée par l'évocation des extases temporelles : dans *Du côté de chez Swann* la célèbre tasse de thé ; dans la matinée Guermantes du *Temps retrouvé*, la série des coups de semonce de la mémoire involontaire enjoignant au narrateur de se mettre à l'œuvre et donnant la clé, le sens profond du phénomène de la surimpression[1]. La première évocation est une description phénoménologique de ce qui est senti, éprouvé par le narrateur. Les autres évocations ouvrent la voie à la réflexion philosophique, méditée, qui permet la compréhension de ce phénomène. Il y a là un moment téléologique : le sens profond n'apparaît qu'à la fin, même si cette fin agissait depuis le commencement. Proust le souligne lui-même dans une lettre à Jacques Rivière : « Dans ce premier volume, vous avez vu le plaisir que me cause la sensation de la madeleine trempée dans le thé, je dis que je cesse de me sentir mortel, etc. et que je ne comprends pas pourquoi. Je ne l'expliquerai qu'à la fin[2] ». Cette structure puissamment finalisée de l'œuvre proustienne nous transporte de l'évanescence du temps qui passe à la permanence du temps qui dure ou, dans le vocabulaire proustien, du temps à l'éternité. L'insistance qu'a mise Proust à répéter que son projet était de passer d'une psychologie plane à une psychologie à trois dimensions[3], cette troisième dimension étant celle du temps, ne doit pas nous tromper. Certes, Proust est attentif à souligner les variations introduites par l'écoulement temporel dans l'âme de ses personnages, et les ravages qu'il exerce sur leur corps[4], mais quand le fait-il ? Il le fait lorsqu'il veut faire ressortir à quel point « le temps incolore et insaisissable » passe inaperçu de nous, si bien que le narrateur parlant de lui-même comme d'un « jeune homme » fait rire toute

---

1 « D'où avait pu me venir cette puissante joie ? », interroge le narrateur de *Swann* (I, p. 44). Et il réplique dans *Le temps retrouvé* : « Mais cette fois, j'étais bien décidé à ne pas me résigner à ignorer pourquoi » (IV, p. 445).

2 *Corr.*, K, XIII, p. 99. Lettre 43 du 6 février 1914.

3 *T R*, IV, p. 608.

4 Bien sûr, il faut relire à ce sujet tout l'extraordinaire « Bal de têtes » de la fin du *Temps retrouvé* (IV, p. 499 *sqq.*).

l'assemblée qui croit à une plaisanterie[1]... Mais lorsque la mémoire opère ses « résurrections », alors loin de souligner l'écoulement temporel, tout au contraire le narrateur souligne qu'elle l'abolit : « La mémoire, introduisant le passé dans le présent sans le modifier, tel qu'il était au moment où il était le présent, supprime précisément cette grande dimension du Temps[2] ». Le temps détruit les neiges d'antan, mais les extases de la mémoire involontaire révèlent que ces neiges sont toujours là pour nous, toujours aussi neigeuses.

NOUS SENTONS QUE NOUS SOMMES ÉTERNELS

Nous sommes ici au seuil de la révélation attendue depuis le début d'une si longue recherche, au moment de saisir, par la détermination de sa cause, « l'énigme de bonheur[3] » des sensations redoublées. Éprouver simplement de la joie, et même de la « félicité[4] » ne suffit pas ; il faut aussi expliquer, et expliquer (ce que le narrateur appelle « la besogne intérieure[5] ») c'est trouver la *cause*[6].

Or, la cause de l'allégresse ressentie par lui renferme un paradoxe. Elle est un apport de jeunesse, de nouveauté, mais cette nouveauté n'est perçue comme telle que « grâce à l'oubli[7] » qui sépare la sensation première de la sensation renouvelée. C'est donc l'intervalle temporel, affirmé en même temps que nié, qui crée la nouveauté de « l'air nouveau » que l'on respire soudain et qui ne peut donner une sensation de renouvellement que parce qu'il est un air ancien car, s'écrie génialement le narrateur, « les vrais paradis sont les paradis qu'on a perdus[8] ».

Vivre, et vivre d'une nouvelle vie, c'est donc revivre, parce que revivre c'est vivre d'une vie plus pleine, embellie dans sa réapparition. La contradiction que nous relevons ici entre cette ancienneté qui se révèle

1 *T R*, IV, p. 509.
2 IV, p. 608.
3 *T R*, IV, p. 446.
4 P. 445.
5 *Ibid.*
6 Voir p. 449, où le terme « cause » est répété deux fois.
7 *Ibid.*
8 *Ibid.*

nouvelle et cette nouveauté qui se révèle ancienne ne s'explique que par l'insuffisance des trois formes par lesquelles nous disons le temps : passé, présent et avenir. En effet, éprouver *à la fois* une même impression dans le passé et dans le présent suppose un détraquement de ces formes du temps, un bond dans « l'extra-temporel[1] ».

Mais avant d'aller plus loin, il faut souligner que la vie en-dehors du temps n'est pas évoquée seulement dans les pages que l'on pourrait peut-être à bon droit nommer mystiques du *Temps retrouvé*. Souvent Proust invite ses correspondants à un tel dépassement du temps. Ainsi, dans une lettre à Louis de Robert, il écrit : « Vous me dites que vous vous trouvez vieux. Cher ami, vous croyez donc au temps[2] ? ». Une autre lettre, à Lucien Daudet, déclare : « Vous avez tort de vous considérer toujours *dans le temps*. La partie de nous-même qui vaut, dans les moments où elle vaut, est en-dehors du temps. [...] Je crois ce que je vous ai écrit important[3] ». Aussi, faire une place à cette « part d'éternel qui est en nous » est-il « un devoir surnaturel[4] », et l'on peut dire sans trop de risque d'erreur que l'œuvre immense de Proust a été entreprise, et réalisée, pour chercher, et trouver, « come l'uom s'eterna », selon les mots de Dante[5]. C'est sans doute l'émergence en force de l'affirmation de l'éternité, produite par la mémoire involontaire et la répétition des impressions qui fait osciller la *Recherche* entre l'évocation d'un sentiment aigu du temps qui passe, et les résurrections qui l'abolissent en affirmant le temps qui dure. On se demande alors quelle est en fin de compte la leçon du *Temps retrouvé* : rendre visible le temps et sensible la vie dans le temps, ou accomplir dans son grandiose finale l'abolition du temps ? Samuel Beckett a déclaré que le titre de *Temps retrouvé* était inadéquat car le temps n'était pas retrouvé par le narrateur, mais bel et bien nié[6]. Le reproche est infondé néanmoins, parce que le temps retrouvé c'est l'éternité et que l'éternité, étant une forme de la temporalité, ne nie pas

1 *T R*, IV, p. 450.

2 *Corr.*, K, XII, p. 170. Lettre 176, mai 1913.

3 *Ibid.*, VII, p. 59-60. Lettre 27, février 1907.

4 *Ibid.*, II, p. 416. Lettre 261, à Constantin de Brancovan, janvier 1901.

5 *Divine Comédie*, L'Enfer, XV, 85. Expression citée par Chateaubriand, *Mémoires d'Outre-Tombe*, publié par Maurice Levaillant et Georges Moulinier, Paris, Gallimard, « Bibliothèque de la Pléiade », 2 vol., 1951, t. II, p. 229. Chateaubriand, quelques pages avant cette citation, comparait ses Mémoires à une « basilique », image dont Proust se souviendra.

6 Cette thèse peut s'appuyer sur *T R*, IV, p. 608, déjà cité plus haut.

entièrement le temps, mais le sublime. Le narrateur affirme d'ailleurs clairement que son œuvre est constituée *à la fois* par l'expérience du temps et par celle de l'éternel. Le texte en question revêt une grande importance doctrinale, et il explique le recours à l'évocation du temps qui passe comme une concession rendue nécessaire par la rareté des extases de la répétition. Le narrateur déclare, au sujet de l'œuvre à venir : « Puisque j'avais décidé qu'elle ne pouvait être constituée par les impressions véritablement pleines, celles qui sont en-dehors du temps, parmi les vérités avec lesquelles je comptais les sertir, celles qui se rapportent au temps, au temps dans lequel baignent et changent les hommes, les sociétés, les nations, tiendraient une place importante[1] ». Bien entendu, leur rareté n'empêchent pas ces impressions d'être dominantes[2] par rapport à celles qui montrent le temps destructeur, et c'est par une véritable ironie du sort que les secondes se découvrent, avec le bal de Têtes, au moment même où le narrateur se prépare à mettre en lumière les premières : « Je découvris cette action destructrice du temps au moment même où je voulais entreprendre de rendre claires, d'intellectualiser dans une œuvre d'art des réalités extra-temporelles[3] ».

Cette dualité de plans – temps et éternité – qui structure l'œuvre proustienne se manifeste par une série d'oppositions. Le sentiment de l'éternité est tout entier placé sous le signe de l'allégresse : il produit un « plaisir délicieux », une « puissante joie[4] » ; il se signale par « l'évidence de sa félicité[5] ». Au contraire, l'existence dans le temps se place sous le signe de la morosité : « accablé par la morne journée et la perspective d'un triste lendemain[6] ». Les regrets sont des « rêveries couleur du temps[7] ». La puissante joie de l'éternité s'oppose donc trait pour trait à « la mélancolie [...] de tout ce qui se réalise dans le temps[8] ». – Pourtant,

1 *T R*, IV, p. 510. Voir aussi p. 477.

2 *Ibid.*, p. 493, où le narrateur concède que ses « impressions vraiment esthétiques [...] avaient été assez rares dans [sa] vie », puis il ajoute : « mais elles la dominaient ». Cette domination avait déjà été particulièrement bien sentie par Curtius, avant même la publication du *Temps retrouvé*, lorsqu'il souligne « l'aspiration la plus profonde et la plus constante de Proust : passer du temporel à l'éternel » (*op. cit.*, p. 140).

3 *T R*, IV, p. 508-509.

4 *Swann*, I, p. 44.

5 *Ibid.*, p. 45. Le même terme de « félicité » est repris dans *T R*, IV, p. 445.

6 *S*, I, p. 44.

7 *Les Plaisirs et les jours*, p. 139.

8 *J F F*, I, p. 521.

Gilles Deleuze a cru pouvoir nier ce point. Tout d'abord, il affirme que « Proust cite la madeleine comme un cas d'échec » parce qu'il déclare : « J'avais alors ajourné de rechercher les causes profondes[1] ». Cette phrase du narrateur ne dénonce nullement à nos yeux un échec : elle réserve simplement pour la fin du roman, *Le Temps retrouvé*, l'explication ultime des « résurrections de la mémoire[2] ». Deleuze avance encore un autre argument : mettant sur le même plan « la bottine et le souvenir de la grand-mère, qui n'a pas de différence en principe avec la madeleine ou les pavés[3] », il constate que dans le premier cas la mémoire involontaire, au lieu de faire éprouver de la joie au narrateur, au contraire « lui apporte le souvenir déchirant de sa grand-mère morte[4] ». – Mais les deux exemples ne sont pas à mettre sur le même plan : celui de la bottine est là pour illustrer le phénomène des intermittences du cœur. De plus et surtout il s'agit, avec l'exemple de la grand-mère, et contrairement à ce qu'affirme Deleuze[5], d'un cas particulier, celui du souvenir d'une personne disparue et aimée. Le narrateur prendra d'ailleurs le soin de préciser lui-même le caractère d'exception de l'exemple : « Il n'est de souvenir douloureux que des morts[6] ».

D'autre part, le sentiment de l'éternité fait corps aussi avec celui de la nécessité, alors que celui du temps implique la contingence. Le nécessaire est ce qui ne peut pas ne pas être ; il dit la densité ontologique et, à ce titre, il est promesse d'immortalité, ce qui explique qu'il fasse disparaître toute inquiétude sur l'avenir. Le contingent au contraire est ce qui peut être ou ne pas être ; il est précisément le lot de la fugacité, où tout instant présent est aussitôt démenti par celui qui le suit. Aussi est-il porteur de mort. Dans ses expériences de mémoire involontaire, le narrateur cesse de se sentir « contingent, mortel[7] ». Contingent, c'est-à-dire mortel. L'éternel détruit la triplicité du temps : il détruit l'avenir, en supprimant l'inquiétude, il détruit le passé en tant que trépassé, et même le présent et son « imperfection incurable[8] ». L'éternité

1 *Proust et les signes*, *op. cit.*, p. 19-20.
2 IV, p. 456.
3 *Op. cit.*, p. 28.
4 *Ibid.*
5 *Op. cit.*, p. 29.
6 *T R*, IV, p. 453.
7 *S*, I, p. 44.
8 *Les Plaisirs et les jours*, p. 139.

n'est pas le temps, mais temps et éternité sont les deux espèces du genre de la temporalité. Mais alors, en quoi consiste l'éternité proustienne ? Il serait bon d'en cerner le concept, ce que Proust ne fait pas – et tout aussi bien telle n'est pas la tâche d'un romancier. Mais cette tâche est celle du critique, qui doit découvrir le squelette de l'œuvre sans trop en molester la chair.

Définir l'éternité comme « un éternel présent » n'est assurément pas satisfaisant, puisque cette définition constitue une pétition de principe. De plus, le présent trace la frontière entre passé et futur, et cette barrière tombe avec l'éternité, où il n'y a plus ni passé, ni futur. Dans l'éternel, tout est contemporain. D'autre part, la conception courante de l'éternité est celle d'un temps qui se prolonge indéfiniment, d'une durée qui n'a pas de fin : ainsi est conçue la « vie éternelle », celle qui échappe à la mort. Cette conception porte en fait sur la nature du futur qui, au lieu de trouver sa limite et de se clore, continue sa course et se déploie sans subir de coup d'arrêt. L'éternité est, dans cette optique, une durée infinie ; dans le Christianisme, elle est la temporalité d'un Dieu lui-même infini.

Or cette conception, pour être largement partagée, est inadéquate dans la mesure où elle définit son objet par rapport au temps, c'est-à-dire par emprunt à une réalité dont précisément elle se distingue. Le futur en effet est une dimension du temps, et l'éternité ne saurait échapper au temps si on la conçoit à l'aide du concept du temps et, pire encore, si on l'identifie à l'une des dimensions du temps. L'éternité n'est pas ce qui advient « *après* le temps – alors on ferait de l'éternité le futur, un moment du temps », souligne fortement Hegel[1]. Mais si l'éternité n'est pas le temps, elle demeure malgré tout une forme particulière de la temporalité – nous aurons à revenir sur ce point.

Pour tenter de saisir la nature de l'éternité proustienne, nous présenterons, mais à titre d'hypothèse, les suggestions suivantes. Kant, dans la *Dissertatio* de 1770, oppose la loi du temps, qui est celle du *successive addendo*, à la loi de l'espace, qui est celle du *juxtasse ponendo*. Si bien que les moments du temps ne peuvent se donner que les uns après les autres alors que les portions de l'espace, en étant posées les unes à côté des autres,

1 *Encyclopédie des sciences philosophiques en abrégé*, trad. fr. par B. Bourgeois, Paris, Vrin, 2012, p. 292. Ne pas concevoir l'éternité en termes de longue durée, là est aussi le sens de la boutade de Schelling, rappelée par J.-F. Marquet : « Le temps est court, mais l'éternité est encore plus courte » (dans *Le Vitrail et l'énigme*, éd. Les petits platons, 2013, p. 59).

peuvent se présenter et être appréhendées toutes ensembles (*tota simul*). Or, l'éternité s'approprie ce caractère de l'espace ; elle naît lorsque l'espace en quelque sorte *se déverse dans le temps*, et lorsque les moments du temps, devenus contemporains, se montrent l'un *à côté* de l'autre et non plus l'un après l'autre. L'éternité s'affranchit de la successivité par laquelle le temps s'ajoute au temps[1]. L'éternité est donc une forme à part de la temporalité, celle d'un temps qui demeure sur place, opposée à celle d'un temps qui fuit. Proust invoque en ce sens un vers de Victor Hugo, où Booz endormi « Entre aux jours éternels et sort des jours changeants[2] ».

Pourtant, d'un autre côté, tout semble se renverser. En effet les lieux, c'est-à-dire l'espace, résistent à l'homogénéisation des deux instants jumeaux qui suspend la succession des moments du temps. Si les lieux étaient capables de fusionner comme le font les instants, le narrateur serait sans doute entré pour de bon dans l'éternel. Mais l'espace est gouverné aussi par une autre loi que celle du *tota simul*, à savoir par la loi de l'antitypie, c'est-à-dire par l'impénétrabilité des corps étendus et du *partes extra partes*. Le narrateur exprime en termes clair ce refus de l'éternel à subir jusqu'au bout la loi de l'espace, et il oppose la beauté du premier à la puissance du second : « La sensation commune avait cherché à recréer autour d'elle le lieu ancien, cependant que le lieu actuel qui en tenait la place s'opposait de toute la résistance de sa masse à cette immigration dans un hôtel de Paris d'une plage nomade ou d'un talus d'une voie de chemin de fer. [...] Toujours dans ces résurrections-là, le lieu lointain engendré autour de la sensation commune s'était accouplé un instant, comme un lutteur, au lieu actuel. Toujours le lieu actuel avait été vainqueur, toujours c'était le vaincu qui m'avait paru le plus beau[3] ». L'espace, celui du lieu, a ramené le narrateur de l'éternité dans le temps, mais l'artiste, maître de la Beauté, saura toujours guider ses pas vers l'Eternel. Alors, sous la magie de l'art, le temps sera délivré de tout changement, et l'espace sera devenu une distance intérieure.

– Mais (car il y a un *mais*) l'artiste lui-même ne peut pas s'évader du temps, et il doit affronter un grand paradoxe : parlant des extases

1 On pourrait remarquer, pour illustrer ce point, qu'à l'époque d'Auguste *aiôn* était devenu synonyme de *cosmos*. A.-J. Festugière note ainsi que, dans l'inscription d'Eleusis, « l'*aiôn* dépasse la notion de durée infinie puisqu'il revêt un sens spatial » (*La Révélation d'Hermès Trismégiste*, IV, *Le Dieu inconnu et la Gnose*, Paris, Les Belles-Lettres, 1990, p. 182).

2 *Corr.*, K, XIX, p. 156. Lettre 62, à Charles Maurras, 14 mars 1920.

3 *T R*, IV, p. 453.

mémorielles qu'il vient d'éprouver, le narrateur du *Temps retrouvé* remarque, non sans dépit, « que ce que l'être par trois et quatre fois ressuscité en moi venait de goûter, c'était peut-être bien des fragments d'existence soustraits au temps, mais cette contemplation, quoique d'éternité, était fugitive[1] ». La fugacité de la contemplation[2] de l'éternel explique pourquoi la résurrection du passé ne nous donne que des *fragments* d'existence. Doit-on en conclure que cette contemplation fugitive et fragmentaire n'est qu'un leurre, une illusion vite dissipée, un songe peut-être ? La réalité serait alors non l'éternel, mais le passage et la fuite qui emporte les êtres et transforme « la blonde valseuse que j'avais connue autrefois » en « lourde dame à cheveux blancs qui passait pesamment près de moi[3] ». Une éternité fugace, « telle est l'étrange condition assignée à l'homme, et surtout à l'artiste, de vivre à la fois sur deux plans[4] ». Ces deux plans, dans les expériences de mémoire involontaire, ne restent pas extérieurs l'un à l'autre ; ils se recoupent bel et bien, et s'articulent nécessairement : l'éternité interfère avec le temps et l'Absolu recoupe nos existences. Ce recoupement est central dans la pensée proustienne ; il met en mouvement toute la *Recherche*, et le paradoxe qu'il constitue avait déjà été noté par Spinoza, dont la philosophie parfois n'est pas sans affinité avec la pensée de Proust[5].

En effet, écrit Spinoza, « l'éternité ne peut se définir par le temps ni avoir aucune relation au temps[6] ». Mais tout de suite Spinoza introduit un correctif, lequel exprime exactement le recoupement entre les deux plans du temps et de l'éternité dont nous parlions, et leur articulation nécessaire dans la vie de l'être incarné. Temps et éternité diffèrent, « *mais pourtant* », énonce Spinoza, « mais pourtant nous sentons et nous éprouvons que nous sommes éternels[7] ». Formule étonnante, qui surmonte un

1 *Ibid.*, p. 454.

2 Ce terme, qui est la traduction traditionnelle du terme grec *théôria*, est à l'évidence emprunté au langage de la philosophie antique. Nous évoquerons dans notre dernier chapitre la question discutée de l'inspiration platonicienne de Proust.

3 *T R*, IV, p. 518.

4 *T R*, IV, *Esquisse* LXXI, p. 987.

5 Ramon Fernandez déclarait déjà que « c'est à Spinoza [...] que Proust fait penser » (*Proust, ou la généalogie du roman moderne*, Paris, Grasset, 1979, p. 132). Malheureusement, il ne dit pas en quoi.

6 *Éthique*, V, prop. 23, scolie.

7 *At nihilominus sentimus experimurque, nos aeternos esse. Ibid.*, éd. J. Van Vloten et J. P. N. Land, 3e éd., M. Nijhoff, 1913, T. I, p. 261. Proust, à notre connaissance, ne cite nulle part

instant l'hétérogénéité du temps et de l'éternité qui vient d'être affirmée ; son paradoxe est déjà le paradoxe du *Temps retrouvé* où le narrateur évoque « un élargissement dans [son] esprit en qui se reformait, s'actualisait ce passé, et lui donnait, *mais hélas ! momentanément, une valeur d'éternité*[1] ».

Cette inscription de l'éternel au sein même du temps est expliquée différemment par nos deux auteurs. Bornons-nous, en ce qui concerne Spinoza, à une explication succincte. Les deux verbes employés par lui, « sentir » et « éprouver », renvoient à la théorie des affections. Or, la IIIe Partie de l'*Éthique*, qui traite des affections, enseigne que « chaque chose, autant qu'il est en elle, s'efforce de persévérer dans son être[2] ». Or, une proposition antérieure à celle-ci avait montré que « nulle chose ne peut être détruite sinon par une cause extérieure[3] ». La définition est ce qui exprime l'être même d'une chose à l'exclusion de toute autre ; or, cette définition affirme l'essence de la chose et ne la nie pas. Donc, rien de ce qui vient de la chose elle-même ne peut la détruire. Il s'ensuit que la mort d'un être ne peut être produite que par une cause extérieure à lui-même. Tant que cette cause extérieure est écartée, l'être échappe à la destruction ; tant que son effort dure, et il dure autant que lui-même, il peut se sentir indestructible et croire à sa perpétuation. C'est pourquoi « l'effort par lequel chaque chose s'efforce de persévérer dans son être n'enveloppe aucun temps fini, mais un temps indéfini[4] ».

Ce que l'âme sent, c'est cet effort qui la fait être et, parce qu'il enveloppe un temps indéfini du fait que nous n'avons pas la mort *en nous*, il lui fait éprouver un sentiment d'éternité. Mais si la Substance *est* l'éternité, nous, nous ne faisons que la *sentir* ; l'expression de Spinoza est en fait restrictive : nous nous sentons éternels bien qu'en réalité, en tant qu'êtres incarnés, nous ne le soyons pas. On retrouve ici le « hélas ! momentanément » du narrateur de la *Recherche*.

Chez Proust aussi nous sentons et nous éprouvons que nous sommes éternels, mais dans un sens un peu différent de celui de Spinoza. À la

---

cette formule, mais il évoque Spinoza, notamment dans deux lettres : voir *Corr.* K, XVI, p. 266. Lettre 136 à René Boylesve, 25 octobre 1917, et XXI, p. 360. Lettre 253 à Gaston Gallimard, 17 juillet 1922.

1 IV, p. 613. Nous soulignons.

2 *Unaquaeque res, quantum in se est, in suo esse perseverare conatur.* Prop. IV ; éd. citée, p. 127.

3 *Nulla res, nisi a causa externa, potest destrui.* Prop. IV, éd. citée, p. 126.

4 *Conatus, quo unaquaeque res in suo esse perseverare conatur, nullum tempus finitum, sed indefinitum involvit.* Prop. VIII, éd. citée, p. 128.

racine des extases mémorielles, nous l'avons vu, il y a la réitération d'une impression, et les impressions constituent une forme particulière de la sensation ; « nous sentons », pour Proust, renverrait donc franchement au sentir de la sensation. Dans l'expérience de la mémoire involontaire, le passé redevenu présent nie l'entre-deux temporel, détruit la triplicité du temps (passé, présent, avenir), abolissant ainsi le temps qui fuit au profit de la permanence de l'éternel. Cette expérience privilégiée nous met en contact avec une réalité supra-empirique ; ce paradoxe de l'articulation temps-éternité ne s'explique pas – il se vit. Il est de l'ordre de la révélation, celle-là même qui frappe le Proust songeur, un doigt sur la moustache, dont on nous montre la photographie. L'éternité se révèle dans ce que nous avons nommé les plis du temps, d'où le nouveau paradoxe d'une éternité intermittente, sorte de transcendance dans l'immanence : les courts-circuits temporels de la réminiscence produisent alors de grands éclairs qui sont comme la déflagration de l'éternité dans le temps.

Il faut bien souligner que ces moments de court-circuits temporels ne sont pas des moments comme les autres, et comme tels se trouvent en quelque sorte prédisposés à s'excepter du temps. Tout d'abord ils sont rares. Ensuite, ils ne sont pas décisoires ; ils sont un don, fruit du hasard, d'un hasard imprévu et heureux. En ce sens, on peut les rapprocher de ce que les Grecs appelaient le *kaïros*, le moment favorable, le bon moment. Hésiode enseignait qu'« en tout, le *kaïros* est ce qu'il y a de meilleur[1] ». Dans le temps scandé par les horloges mécaniques, tout instant est égal à tout autre ; le *kaïros* au contraire est exceptionnel. Il est une embellie temporelle où tout devient facile, et par là il porte la marque d'une grâce accordée par le hasard : c'est lui qui « nous apporte le souvenir véritable[2] ». Nous parlions de l'embellie du *kaïros*, à juste titre puisque c'est bien la beauté que Proust invoque à propos du souvenir involontaire : « Nous ne croyons pas la vie belle parce que nous ne nous la rappelons pas, mais que nous sentions une odeur ancienne, soudain nous sommes enivrés[3] ! ».

---

1 *Les Travaux et les jours*, v. 694.

2 *T R*, IV, p. 459. Toute initiative volontaire, concertée, du narrateur se trouve donc exclue. L'involontaire « devait être la griffe de leur authenticité. Je n'avais pas été chercher les deux pavés inégaux de la cour où j'avais buté. Mais justement la façon fortuite… » (IV, p. 457). Proust insiste beaucoup sur le caractère aléatoire du souvenir involontaire ; il est inutile d'en égrener toutes les occurrences.

3 *Corr.*, K, XII, p. 296. Lettre 134, à René Blum, novembre 1913.

Il faut souligner aussi que ces moments qui dépassent le momentané nous conduisent à dépasser le perspectivisme. Le perspectivisme en effet n'est chez Proust qu'une étape de son expérience et de sa pensée. Les révélations de la mémoire involontaire ne constituent pas qu'une perspective de plus dans l'éventail ouvert par le narrateur. Au contraire, tout comme chez Leibniz le point de vue de l'essence surplombe, résume et résorbe les autres points de vue, la mémoire involontaire livre une vérité qui rend le sujet à lui-même et assure sa continuité. Cette continuité, nous l'avons vu, sans cesse menacée chez Proust, se trouve rétablie lorsque le moi retrouve sa stabilité et sa constance, lorsqu'il découvre qu'il est toujours ce qu'il a été[1] par les résurrections du passé. Depuis toujours en effet la peur de la perte de soi, par ses « morts successives[2] », a taraudé le narrateur : « La crainte de n'être plus moi m'avait fait jadis horreur[3] ». S'ancrer dans l'éternité, c'est retrouver son essence, c'est échapper au perpectivisme, c'est dépasser définitivement Montesquiou, lequel n'aura été finalement que « le souverain des choses transitoires[4] ».

L'ÊTRE ET L'ESSENCE

Nous venons de rencontrer le terme d'*essence*, que le narrateur emploie massivement en l'adossant au sentiment d'éternité que nous venons d'évoquer, à tel point que l'on pourrait affirmer que l'éternité n'est rien autre chose que la vie de l'essence. La liaison éternité – essence est affirmée à mainte reprise dans *Le Temps retrouvé* : « L'être qui goûtait en moi cette impression la goûtait dans ce qu'elle avait de commun dans un jour ancien et maintenant, *dans ce qu'elle avait d'extra-temporel*, un être qui n'apparaissait que quand, par une de ces identités entre le présent et le passé, il pouvait se trouver dans le seul milieu où il pût vivre, *jouir de*

1 Rappelons que *l'être ce qu'on était* est un concept aristotélicien qui caractérise l'essence. Voir *T R*, IV, p. 609, où le narrateur parle de la vie « ramenée au vrai de ce qu'elle était ».
2 *T R*, IV, p. 615.
3 P. 614.
4 *Essais et articles*, p. 409. Le vers est de Montesquiou lui-même.

l'essence des choses, c'est-à-dire en-dehors du temps[1] ». Si le sentiment de l'éternité est la voie d'accès à l'essence, inversement l'être à qui l'essence échappe est celui qui en reste à la vie dans le temps, dont aucune des trois dimensions prises à part ne peut la lui livrer. Dans le présent, les sens ne peuvent atteindre l'essence ; cette affirmation[2] peut paraître paradoxale puisque nous avons vu la mémoire involontaire faire intervenir la sensation. Mais n'oublions pas que dans le présent *simple*, il n'y a pas de redoublement de l'impression, c'est-à-dire pas de surimpression du présent et du passé. Quant au passé, pris seul lui aussi, il est desséché par l'intelligence, car il est le passé uniforme rappelé volontairement par la mémoire[3]. Enfin, l'avenir est construit par la volonté à des fins utilitaires ; il est humain, alors que l'essence est divine, comme l'atteste l'expression de « céleste nourriture[4] ».

La saisie de l'essence suppose donc le dépassement du temps, dont nous venons de voir que pour Proust il a nom : *éternité*. C'est alors que le futur n'apporte pas la mort, que le passé est vie, et que le présent dépasse la simple présence sensible, bref, que la temporalité perd ses trois dimensions pour n'en avoir plus qu'une. Ainsi, elle s'affranchit « de l'ordre du temps[5] ». Or, ce qui s'affranchit de l'ordre du temps et transcende la réalité simplement sensible s'est, depuis les origines grecques de la philosophie, toujours appelé l'*essence*. Si Proust convoque ici le concept d'essence, ce n'est pas simplement à cause des vibrations qu'il suscite dans l'esprit, mais bien pour inscrire sa quête dans le cadre de l'ontologie. Les expressions employées par le narrateur pour désigner ses expériences de mémoire involontaire consonnent avec l'ontologie grecque : le bruit réentendu, l'odeur respirée jadis sont « réels sans être actuels[6] », ce qui signifie que leur réalité (leur charge d'être)[7] n'est

---

1 IV, p. 450. Nous soulignons. Invoquons encore un texte parallèle : « L'être qui était rené en moi quand, avec un tel frémissement de bonheur, j'avais entendu le bruit commun à la fois à la cuiller qui touche l'assiette et au marteau qui frappe sur la roue, à l'inégalité pour les pas des pavés de la cour Guermantes et du baptistère de Saint-Marc, etc., *cet être là ne se nourrit que de l'essence des choses*, en elle seulement il trouve sa subsistance, ses délices ». (IV, p. 451). Nous soulignons.

2 IV, p. 451.

3 Voir IV, p. 452 : « ...la mémoire volontaire [...] n'engage pas plus des forces de nous-même que feuilleter un livre d'images ».

4 *Ibid.*

5 *Ibid.*

6 IV, p. 451.

7 Le narrateur du *Temps retrouvé* souhaite une littérature « chargée de réalité » (IV, p. 444).

pas circonscrite dans les bornes du momentané. Ils sont aussi « idéaux sans être abstraits[1] » : le renvoi aux idéalités fait évidemment penser aux essences platoniciennes et à leur être supra-sensible, lesquelles ne sont pas de purs concepts, à savoir des représentations mentales vides par elles-mêmes.

C'est donc de façon tout à fait attendue que le narrateur peut conclure que, dans de telles expériences, « l'essence permanente et habituellement cachée des choses se trouve libérée[2] ». La permanence est en effet le lot des réalités éternelles, et l'essence est cachée parce qu'elle est recouverte par le flot des apparences, avant que le « vrai moi » ne la reçoive des mains de Mnémosyne. Le narrateur parle aussi de « contemplation de l'essence des choses[3] », où le terme d'essence se trouve renforcé par l'emploi du terme platonicien et aristotélicien de « contemplation » (*théôria*), lequel désigne proprement la voie d'accès aux réalités que l'on nommera plus tard métaphysiques, c'est-à-dire réalités qui dépassent le monde naturel.

Mais que dit-on au juste lorsqu'on affirme que la réapparition, par la grâce de la mémoire involontaire, d'un instant de la vie permet d'accéder à une essence ? Cette affirmation signifie qu'il y a, nous l'avons dit, quelque chose de plus dans la seconde apparition, quelque chose d'essentiel précisément : l'instant répété est « débarrassé de ce qu'il y a d'imparfait dans la perception extérieure » ; il est « pur et désincarné[4] », c'est-à-dire affranchi de tout mélange avec la matière. Voilà pourquoi « la beauté de Balbec, je ne l'avais pas trouvée quand j'y étais[5]... ». Et si le narrateur ne l'avait pas trouvée, c'est parce qu'il ne pouvait pas, dans sa présentation première, la saisir dans son essence. Elle n'était qu'une existence. C'est là une conséquence du grand axiome proustien déjà cité : « La réalité ne se forme que dans la mémoire ». La répétition permet en effet d'appréhender une identité entre deux instants différents, c'est-à-dire de réaliser l'unité d'une multiplicité. Or, c'est bien là le caractère de l'essence platonicienne : *l'unité d'une multiplicité.*

---

1 IV, p. 451.

2 *Ibid.*

3 IV, p. 454.

4 *T R*, IV, p. 447. Voir aussi p. 457, où le narrateur parle d'« une impression matérielle parce qu'elle est entrée par nos sens, mais dont nous pouvons dégager l'esprit, [...] convertir [ce que j'avais senti] en un équivalent spirituel ». Et cela est possible parce que « les choses sont poreuses à l'esprit et s'en imbibent » (IV, p. 466).

5 IV, p. 455.

Les chevaux du monde sensible, que l'on perçoit multiples, sont uns par la cabbaléité, c'est-à-dire par leur essence, leur espèce biologique. L'essence est un paradigme, un Exemple, dont les individus concrets qui lui appartiennent sont les exemplaires. Lorsque la célèbre tasse de thé remplit le narrateur « d'une essence précieuse », celui-ci ajoute : « ou plutôt cette essence n'était pas en moi, elle était moi[1] ». Ce qui signifie que le narrateur découvre son moi en son essence, parce que dans cette expérience deux « moi » éloignés se révèlent être un et le même. Et ce moi essentiel est aussi éprouvé comme éternel : « J'avais cessé de me sentir [...] mortel[2] ». Par suite le moi essentiel va chercher à ne dégager que des essences ; d'où l'incapacité du regard proustien à *observer* comme les romanciers réalistes, comme les Goncourt par exemple. Ainsi le narrateur est comme absent du monde qui l'entoure, « ne reprenant vie que quand se manifestait quelque essence générale, commune à plusieurs choses, qui faisait sa nourriture et sa joie[3] ». Si ce regard proustien n'observe pas, c'est parce qu'il transperce ; il porte « à mi-profondeur, au-delà de l'apparence elle-même[4] ». C'est pourquoi, constate le narrateur, « je ne voyais pas les convives parce que, quand je croyais les regarder, je les radiographiais[5] ».

Nous allons, pour illustrer ce que ces considérations peuvent avoir d'un peu spéculatif, prendre un exemple concret, dans la *Recherche*, de ces fameuses « essences ». Ce qui est très possible car l'essence, définie comme l'unité d'une multiplicité, n'est pas un assemblage hétéroclite qui laisserait son contenu dans l'indétermination et la généralité vide. L'essence est essence d'*un* type d'être : ainsi, dans l'exemple choisi

1 *Swann*, I, p. 44.

2 *Ibid.* Pour illustrer ces formules, on peut penser à une lettre de Proust à Emmanuel Berl : « Ce qui rend si heureux dans ce genre d'impressions [...], c'est qu'étant identiques dans un moment différent, elles nous transportent hors du temps, sont senties par l'homme éternel » (*Corr.*, K, XV, p. 26. Lettre 3, 1916). C'est donc l'éternité qui est fondatrice de l'existence temporelle et non l'inverse. D'où il suit que l'homme éternel est la condition de possibilité de la mémoire involontaire : tel pourrait être le sens de l'expression de Proust : « Nous ne devons rien qu'à la part d'éternel qui est en nous » (*Corr.*, K, II, p. 416. Lettre 261, à Constantin de Brancovan, janvier 1901).

3 *T R*, IV, p. 296. Ce qu'il recherche, poursuit le texte, c'est « le point qui était commun à un être et à un autre, [...] par exemple l'identité du salon Verdurin dans divers lieux et divers temps » (*ibid.*), cette identité étant « une forme qui était comme la figure idéale » de ce salon (*La Prisonnière*, III, p. 790).

4 *Ibid.*

5 *T R*, IV, p. 297.

précédemment, l'essence du cheval est l'unité fondatrice d'individus d'une même espèce biologique, parfaitement déterminée et porteuse de caractères précis. L'essence du cheval se différencie de celle du chien ou du chat ; en un mot, elle a une *individualité*, celle qui est commune aux individus de même espèce.

L'exemple cherché pourrait être alors celui des deux « côtés » de la vie intérieure proustienne, le côté de Méséglise et le côté de Guermantes. Le narrateur parle de leur *individualité*, qui l'étreint de leur « puissance presque fantastique[1] ». Mais ces lieux ne sont pas situés dans l'espace extérieur : ce sont des lieux intérieurs, « morceau de paysage » qui « flotte incertain dans ma pensée comme une Délos fleurie[2] ». Ces deux réalités emblématiques sont des essences et elles sont concrètement caractérisées : « Le côté de Méséglise avec ses lilas, ses bluets, ses coquelicots, ses pommiers ; le côté de Guermantes avec sa rivière à têtards, ses nymphéas et ses boutons d'or[3]... ».

Leur réalité néanmoins est toute spirituelle et, s'étant formée dans la mémoire, elle revient hanter notre vie entière même lorsque nous avons quitté ces lieux pour toujours. Ainsi, « quand par les soirs d'été le ciel harmonieux gronde comme une bête fauve, [...] c'est au côté de Méséglise que je dois de rester seul à respirer, à travers le bruit de la pluie qui tombe, l'odeur d'*invisibles et persistants* lilas[4] ».

Toutes les promenades faites par le héros de la *Recherche*, soit du côté de Guermantes, soit du côté de Méséglise, se sont en quelque sorte cimentées en l'essence de l'un et l'autre « côté ». Mais l'essence peut être approchée non pas seulement en tant qu'unité d'une multiplicité, mais aussi comme *substance*, c'est-à-dire comme la réalité qui se tient au-dessous des qualités passagères du sujet et qui, comme telle, subsiste. Le sujet, qui lui aussi sous-tient et se trouve placé au-dessous des contraires qui le qualifient (jeune-vieux, chevelu-chauve, etc.) demeure

1 *Swann*, I, p. 183. Un peu plus haut, on peut lire cette affirmation : « Il y a quelque chose d'individuel dans les lieux » (I, p. 182).

2 I, p. 182. Si bien que nous nous demandons si l'on peut parler, au sens strict du terme, à propos des « côtés », d'*espace* proustien.

3 I, p. 182.

4 I, p. 183. Nous soulignons. L'essence du côté de chez Swann imprègnera le roman tout entier : « Je trouvais ce titre-là modeste, réel, gris, terne, comme un labour d'où pouvait s'élancer de la poésie ». (*Corr.*, K, XII, p. 238-239. Lettre 107, à L. de Robert, juillet-août 1913).

identique à lui-même à travers le flot changeant de ses apparences diverses. Cette essence conçue comme substrat s'exprime dans l'insistance du narrateur à souligner la prégnance de la *lignée* sur les personnages qui, successivement, l'incarnent. Elle explique, au-delà de tout snobisme, la fascination éprouvée par Proust pour l'aristocratie, et par exemple pour l'aisance héréditaire de Saint-Loup sautant sur les banquettes du restaurant pour mettre un manteau de vigogne sur les épaules du narrateur qui a froid[1]. Cette empreinte de la lignée, qui perdure de génération en génération, n'est d'ailleurs pas le privilège exclusif de l'aristocratie puisqu'on la retrouve agissante chez la fille de Gilberte. Il faut citer ce texte émouvant :

> Je fus frappé que son nez, fait comme sur le patron de celui de sa mère et de sa grand-mère, s'arrêtât juste par cette ligne tout à fait horizontale sous le nez. [...] J'admirais que la nature fut revenue à point nommé pour la petite-fille, comme pour la mère, comme pour la grand-mère, donner, en grand et original sculpteur, ce puissant et décisif coup de ciseau. Je la trouvais bien belle : pleine encore d'espérances, riante, formée des années mêmes que j'avais perdues, elle ressemblait à ma jeunesse[2].

La lignée n'est pas seulement physique, mais morale aussi avec la transmission de traits de caractère, et intellectuelle comme on peut le voir avec « l'esprit Guermantes » par exemple. Elle s'oppose, par son origine naturelle, à ce qui n'a qu'un fondement social, le *rôle*. Ainsi Odette de Crécy, devenue l'épouse de Swann, puis de Forcheville, et enfin maîtresse du Duc de Guermantes, révèlera, une fois entrée dans le monde de la haute société, son absence de lignage en ne sachant pas tenir ce dernier rôle : « Elle était médiocre dans ce rôle comme dans tous les autres. Non pas que la vie ne lui en eût souvent donné de beaux, mais elle ne savait pas les jouer[3] ». Et si Odette ne sait pas jouer ce rôle, c'est bien parce qu'il lui est, c'est le cas de le dire, inessentiel.

Demandons-nous pour finir ce que signifie, dans l'expérience proustienne, ce passage du temps à l'éternité ? – Il a incontestablement une portée ontologique : c'est le passage d'un moindre être à un être plein

1 *C G*, II, p. 705 *sqq.* La page 708 parle de ses « ancêtres dédaigneux et souples qui survivaient dans l'assurance, l'agilité et la courtoisie avec laquelle il venait de disposer autour de mon corps frileux le manteau de vigogne ».

2 *T R*, IV, p. 609.

3 *Ibid.*, p. 597.

parce qu'il est le passage d'un être partiel à un être complet, et c'est pourquoi il est question à son propos d'*essence*, laquelle est, comme le disait déjà *Jean Santeuil*, « un objet éternel[1] ». L'essence d'un être est en effet cet être considéré par là où il est être, et pas seulement accident. L'énoncé de l'essence est la réponse à la question : qu'*est*-ce que c'*est* ? Le redoublement du verbe *être* (parallèle chez Proust au redoublement de l''impression) signifie : quel est l'être de cet être ? La question de l'essence se réciproque donc avec celle de l'être. Les expériences de mémoire involontaire débouchent sur l'éternité parce que l'éternité est le statut temporel de l'essence, laquelle est le cœur de l'être. Ainsi, l'arrimage l'une à l'autre de deux impressions éloignées dans le temps réalise la soudure de soi à soi : pour la réaliser, « il fallait qu'il n'y eût pas eu discontinuité[2] ». Ces quelques mots sont lourds de sens : le temps n'assure qu'une présence incomplète, puisque le présent est passager ; l'éternel est la complétude de l'être. Par la réminiscence la pensée se saisit de la pensée puisqu'elle revit ce qu'elle a déjà vécu ; elle se ressaisit elle-même par le retour à soi de la reviviscence. Cette remise en présence de soi, ou reprise de possession de soi, qui supprime le temps intermédiaire entre l'impression première et sa résurrection, rend le sujet à lui-même en abolissant toute distance entre lui et lui. Bien sûr, cette vie absolue est humaine et non pas divine, elle n'est pas constante chez l'homme et ne peut durer. C'est pourquoi l'homme ne peut avoir qu'une expérience non-éternelle de l'éternité.

1 Éd. citée, p. 400. Voir aussi p. 401.
2 *T R*, IV, p. 624.

LA LEÇON D'IDÉALISME

L'IDÉALISME PROUSTIEN ET LES IDÉALISMES

Jean Santeuil, dans le roman qui porte son nom, nous conte une bien jolie histoire, celle de la visite de son professeur de philosophie, M. Beulier, venu lui faire présent de son cadeau de Nouvel An pour le remercier du sien, « un tout petit buste d'Hercule de la Renaissance italienne[1] ». Ce cadeau est un livre contenant les *Pensées* de Joubert, que pendant deux heures M. Beulier lit et commente avec Jean. Mais au moment de partir, loin de laisser l'ouvrage sur la table, « M. Beulier reprit le livre, le mit dans sa serviette et ne le rapporta jamais[2] ». Éberlué d'abord, Jean finit par comprendre qu'ayant donné le sens et l'âme de ce texte à Jean, « il lui avait tout donné, [...] un don tout spirituel[3] ». Le sens et l'âme, voilà le vrai cadeau, voilà la vraie richesse. Et la grande leçon de cette noble pédagogie, le jeune Marcel ne l'oubliera plus : il l'appellera, à la fin de son œuvre, une « leçon d'idéalisme[4] », et l'on peut estimer que cette œuvre, elle la résume toute. Une leçon d'idéalisme, ce n'est pas là une parole en l'air, c'est la quintessence même du livre que *Le Temps retrouvé* achève, et comme telle elle mérite toute notre réflexion. Car à nos yeux comme à ceux de leur auteur, la dernière partie du *Temps retrouvé* constitue le sommet de l'œuvre, sa clé et son aboutissement. Pour être moins divertissante que les croquis du Général de Froberville

1 Éd. citée, p. 265.

2 *Ibid.*, p. 269.

3 *Ibid.* « Si fluidement spirituel », dit encore le jeune élève, guéri à tout jamais du « respect fétichiste pour les livres » (*Pastiches et Mélanges*, p. 183). On retrouve la condamnation du fétichisme bibliophile dans une lettre à Mme L. Daudet : « Un livre est fait pour être lu, et l'auteur consentirait à son flétrissement, puis à sa destruction, pourvu qu'on le possède en esprit et en vérité » (*Corr.*, K, XX, p. 39. Lettre 3, janvier 1921).

4 *T R*, IV, p. 489.

ou de la Marquise de Cambremer, elle n'en constitue pas moins, dans son élan inspiré, la leçon d'idéalisme, « une leçon austère[1] », dont la *Recherche* est porteuse.

« Idéalisme » se dit en plusieurs sens. Il a d'abord un sens courant et vague : est idéaliste l'homme qui voue sa vie à des valeurs nobles qui dépassent de loin, et de haut, les intérêts immédiats et particuliers de la vie pratique. C'est pourquoi l'idéaliste est accusé, par le sentiment populaire, de vivre hors du monde réel, de se fixer des buts inaccessibles qui l'entraînent hors de la vie et le consolent de ses échecs. Proust écrit en ce sens à Georges de Lauris : « Alors, si la vie apporte des déboires, on s'en console car la vraie vie est ailleurs, non pas dans la vie même, ni après, mais au-dehors[2] ».

Mais « idéalisme » est encore, et surtout chez Proust, un terme technique de l'histoire de la philosophie ; il caractérise un système, ou un ensemble de systèmes. C'est déjà en ce sens précis que Proust entend le terme lorsque, dès 1894, il dit parler « en bon idéaliste[3] ». Dans le sens philosophique du terme on distingue, pour faire bref, deux idéalismes : l'idéalisme antique, représenté essentiellement par Platon, et l'idéalisme moderne, qui prend naissance avec Kant, et qui se déploie dans ce qu'il est convenu d'appeler l'idéalisme allemand. Le jeune Proust eut l'occasion, durant ses études de philosophie en Sorbonne, d'approfondir la connaissance de ces deux types d'idéalisme tout à fait sérieusement[4]. Or, ces deux formes d'idéalisme existent dans les textes proustiens, comme l'a souligné déjà Jean Grenier dans un article perspicace[5] où, devant l'ambiguïté des déclarations de Proust, il propose de distinguer deux étapes dans l'évolution de sa pensée, soit le Proust ruskinien et le Proust de la *Recherche*. Ces deux étapes se distingueraient simplement par « une différence d'accent[6] » : accent platonicien pour la première,

---

1 IV, p. 487.

2 *Corr.*, K, VIII, p. 286. Lettre 153, 8 novembre 1908. C'est, semble-t-il, dans ce même sens un peu vague que le narrateur parle de la « philosophie idéaliste » des romans de Bergotte (*Swann*, I, p. 93), et aussi de sa propre personnalité : « Il y a des êtres en effet – et ç'avait été dès la jeunesse mon cas – pour qui tout ce qui a une valeur fixe, constatable par d'autres, la fortune, le succès, les hautes situations, ne comptent pas ; ce qu'il leur faut, ce sont des fantômes » (*S G*, III, p. 401).

3 *Corr.*, K, I, p. 297. Lettre 156, à Horace de Laudan.

4 Voir l'ouvrage monumental, déjà cité, de Luc Fraisse, et spécialement le chapitre consacré à « La philosophie du sujet », Chap. XI, p. 605-654.

5 « Elstir, ou Proust et la peinture », dans *Proust*, Paris, Hachette, 1965, p. 199-211.

6 *Ibid.*, p. 208.

accent subjectiviste pour la seconde, où « la vérité est toujours fondée sur l'impression[1] ». Grenier en arrive alors à la conclusion suivante : « La conception proustienne [...] demeure ambiguë, étant à la fois subjective à l'extrême lorsqu'il s'agit de la conception artistique, et objective à l'extrême quand il est question de la beauté[2] ». Cette contribution a le mérite de repérer nettement la présence des deux idéalismes dans les écrits proustiens, mais il nous paraît douteux que cette double référence soit l'expression d'une évolution telle que l'une succède à l'autre en la remplaçant. Luc Fraisse a avancé, nous l'avons vu, la notion d'*éclectisme* pour rendre compte de la diversité des références philosophiques de Proust, et c'est une solution légitime. Serait-il pourtant téméraire de postuler une conception originale et proprement proustienne de l'idéalisme ? C'est ce que nous tenterons de faire, mais il faut commencer par nous interroger sur la réalité d'une inspiration platonicienne de la pensée de Proust, question mainte fois débattue depuis la parution du livre d'Ernst Robert Curtius[3]. Avec une très grande pénétration, cet auteur a salué l'œuvre de Proust alors même qu'elle n'était pas encore intégralement publiée. Il déclare : « Ainsi, il existe encore un art qui rend un son d'éternité, à une époque qui n'y cherche plus que spasmes et convulsions[4] ». Bien évidemment, il constate que « le souvenir du temps perdu nous indique le chemin qui conduit à l'existence éternelle. Nous pénétrons dans le domaine de la réminiscence platonicienne[5] ». Curtius voit tout de suite que l'enjeu essentiel de la *Recherche* ne se situe pas au niveau de la psychologie, mais bien de la métaphysique. Cela est vrai non seulement au niveau de l'expérience de la temporalité, mais aussi de l'expérience esthétique ; celle-ci témoigne de l'existence d'une réalité supra-sensible, qui dépasse l'empiricité et s'impose à elle : « Le sujet du romancier, la vision du poète se présente à leurs esprits tyranniquement et comme du dehors. L'artiste ne choisit pas sa matière, il est choisi par elle[6] ». Bien sûr, on peut tout de suite objecter à Curtius que l'art n'a pas chez Platon une telle possibilité d'accès aux essences, et par suite une telle dignité, mais cette dimension intervient avec le néo-platonisme de

1 P. 209.
2 P. 210.
3 *Marcel Proust*, trad. fr., Éditions de La Revue Nouvelle, Paris, 1928.
4 *Op. cit.*, p. 155.
5 P. 153.
6 P. 24.

Plotin, qui est encore un platonisme. C'est pourquoi d'ailleurs Curtius voit apparaître dans l'univers proustien « les motifs transcendants du platonisme éternel[1] ».

À cette thèse de Curtius s'oppose radicalement Alain de Lattre qui, après avoir énuméré les points de divergence que l'on peut noter entre les pensées de Platon et de Proust, conclut de manière abrupte : « Il n'y a pas de platonisme de Proust[2] ». – Cette critique n'est pas probante, car le fait que Platon et Proust puissent être rapprochés sur un point n'implique pas qu'ils doivent l'être sur tous. Nous voudrions simplement quant à nous, pour appuyer la position de Curtius, verser au dossier du débat un témoignage de Diogène Laërce que l'on peut utiliser pour montrer que Proust, sur un point crucial, serait platonicien, à moins que l'on ne préfère dire que Platon fut, sur ce point-là, déjà proustien :

> Platon, dans ses réflexions sur les Idées, déclare que si la mémoire existe, les Idées doivent faire partie de la réalité, du fait que la mémoire porte sur quelque chose de stable et de permanent. Or, rien n'est permanent sinon les Idées[3].

Ainsi, les extases mémorielles prouvent l'être autonome des essences, puisque celles-ci continuent d'exister alors que les événements dont nous nous souvenons ont été abolis. Et c'est bien Platon le maître de cette leçon d'idéalisme. Rappelons que Proust a étudié le grec, qu'il est capable de citer Théocrite dans le texte (comme le révèle la *Correspondance*), qu'il a suivi en Sorbonne les Cours des antiquisants Alfred Croiset et Victor Brochard, et qu'il a pratiqué pour la préparation de la Licence, comme l'a révélé Luc Fraisse, la très complète *Histoire de la Philosophie* de Paul Janet et Gabriel Séailles. Nous sommes sûrs qu'il a médité Platon, et pas seulement Platon puisqu'il lui est arrivé d'affirmer que « les Grecs nous ont montré à peu près toutes les idées vraies[4] ».

Une formule du *Côté de Guermantes*, dans sa brièveté lapidaire, semble résumer tout le message de l'idéalisme platonicien : « La réalité n'est pas ce qu'on croit[5] ». Elle est en effet *derrière* les apparences[6], tout comme

1 P. 150.
2 *La Doctrine de la réalité chez Proust*, Paris, José Corti, 1978, p. 76.
3 Diogène Laërce, III, 15. Trad. fr. Luc Brisson modifiée.
4 *Pastiches et Mélanges*, p. 174.
5 II, p. 459.
6 Tout comme elle est derrière le style de Chateaubriand : « On sent sous sa phrase une autre réalité » (*Essais et articles*, p. 652. La page entière est à lire). Voit aussi, p. 653 : « Même

le temps passé est derrière certaines de nos sensations, et frappe pour ainsi dire à leur porte. Dès lors l'artiste, comme le philosophe ou le savant, n'a pas à inventer, mais à découvrir. Proust l'affirme à Gaston Gallimard : « Je crois que la Beauté, ou plutôt les beautés, comme les vérités de la science, ne se fabriquent pas, mais se *découvrent*. Elles nous appellent, on les pressent[1]... ».

Par ailleurs, Proust se sert aussi du platonisme comme d'une grille pour analyser des phénomènes simplement psychologiques observés dans l'expérience la plus courante. Il note en effet que, dans la passion, la fixation amoureuse opère sur un *type* plutôt que sur une individualité : là où l'attachement croit avoir affaire à une irréductible particularité, c'est en fait à ce que l'on pourrait nommer l'épouse archétypale qu'il s'adresse : « Les hommes n'aiment pas telle ou telle femme isolée, mais un certain type de femme dont ils ne s'écartent jamais. Si, par suite d'un deuil ou d'une séparation, ils perdent la femme qu'ils aiment, ils courent après son type, qu'ils poursuivent obstinément, quoique souvent à leur insu[2] ».

Même si Descartes demeure, en métaphysique, un réaliste, c'est sur le socle du *cogito* cartésien que pourra s'édifier l'idéalisme moderne, qui mettra le sujet humain, interprété comme conscience et subjectivité, au centre de sa problématique. Seule résiste au doute hyperbolique la saisie par le sujet de sa propre existence ; l'expérience de l'*ego* constitue donc une sphère de certitude absolue, modèle de toute autre certitude possible. Or, que contient ce Moi sûr de lui-même ? Des idées, ces « formes de nos pensées » dit Descartes, et dont on peut faire l'inventaire. Ainsi se produit le grand basculement qui fera passer la philosophie de l'idéalisme antique à l'idéalisme moderne car, comme l'écrira Descartes, « les idées sont en moi ». Et si elles sont en moi, c'est-à-dire dans le sujet pensant, elles ne sont plus dans le « lieu intelligible » de Platon. L'idéalisme moderne devient subjectif et ce, de façon plus ou moins radicale, selon les doctrines qui s'installeront dans sa lignée.

---

si on savait que notre page entière sera brûlée aussitôt écrite, on l'écrirait dans la même extase, en renonçant à tout pour cela, tant on aurait le sentiment d'avoir donné l'existence à quelque chose de réel et d'une réalité qui en soi ne peut périr ».

1 *Corr.*, K, XIX, p. 736. Lettre 102, juillet 1916.

2 *Ibid.*, K, XXI, p. 239. Lettre 169, à Jacques Benoist-Méchin, mai 1922. C'est pourquoi, lira-t-on dans *Le Temps retrouvé* (IV, p. 486), « une œuvre est à la fois le souvenir de nos amours passées et la prophétie de nos amours nouvelles ».

Si le sujet possède le privilège d'être une sphère de certitude absolue, c'est parce qu'il se révèle à lui-même grâce à un type particulier de connaissance, distinct de la perception d'un objet extérieur. Le moi en effet se connaît, dit Descartes, « par une perception immédiate ». Pour comprendre cette formule, il faut se rappeler qu'Aristote expliquait la perception extérieure d'un objet par l'interposition d'un intermédiaire (d'un *medium*) entre l'organe sensoriel et la chose perçue : par exemple la transparence de la lumière (le « diaphane ») dans le cas de la vue, puisque si l'objet est au contact de l'œil, la vision ne se produit pas. Toute perception implique d'ailleurs une telle médiation (même le toucher), et si Descartes parle de perception immédiate (c'est-à-dire sans médiation) dans le cas de la perception interne (Leibniz dira l'« aperception »), c'est pour la différencier radicalement de la perception externe qui, elle, est médiate.

On comprend pourquoi la perception immédiate est porteuse de certitude absolue : c'est parce que, ne connaissant pas par image, ou par représentation, elle coïncide avec soi-même, et par suite n'est pas sujette à l'erreur. C'est pourquoi le sujet deviendra le bastion de l'idéalisme moderne, qui le déclinera de bien des façons.

Or, dès la rédaction de *Jean Santeuil*, Proust s'inscrit dans cette tradition de l'idéalisme : « C'était dans l'idéalisme que Jean avait mis sa pensée la plus élevée[1] ». Et cet idéalisme n'est pas celui de Platon, mais celui de la subjectivité : « Jean prenait secrètement en pitié tous ceux [...] qui ne croyaient pas à l'absolu du Moi[2] ». Il ne s'agit pas là simplement d'un enthousiasme juvénile puisque Swann, beaucoup plus tard, dit encore au héros : « Le souvenir de ces sentiments-là, nous sentons qu'il est en nous ; c'est en nous qu'il faut rentrer pour le regarder. Ne vous moquez pas trop de ce jargon idéaliste[3] ». L'adhésion à l'idéalisme se manifeste parfois, chez le narrateur, par des formules tranchées : « Je m'étais rendu compte que seule la perception grossière et erronée place tout dans l'objet, quand tout est dans l'esprit[4] ». Mais si les formules sont tranchées, c'est que l'existence même de la littérature est en jeu : l'existence réelle est réservée aux idées parce que seules les idées sont exprimables, et parce que la vraie vie,

1 Éd. citée, p. 479.
2 *Ibid.*
3 *S G*, III, p. 101.
4 *T R*, IV, p. 491. La formule est répétée p. 493.

c'est la littérature : « Ce ne sont pas les êtres qui existent réellement et sont par conséquent susceptibles d'expression, mais les idées[1] ». Car chez Proust, cet idéalisme reste mesuré, comme chez Kant, qui équilibre son idéalisme transcendantal par un réalisme empirique. Le narrateur à plusieurs reprises se moque d'un subjectivisme qui, tournant au solipsisme, va jusqu'à mettre en question la réalité du monde extérieur. Une telle théorie se voit en effet tout aussitôt contredite par la pratique de ceux qui la professent, et le narrateur s'en amuse : « Je savais bien que l'idéalisme, même subjectif, n'empêche pas de grands philosophes de rester gourmands ou de se présenter avec ténacité à l'Académie[2] ». Peut-on mettre des noms sur ces formes extrêmes de l'idéalisme, qui dissolvent la consistance des choses et les réduisent à des pensées ou à des mots ? Ce sont peut-être les inspirateurs de la savante Renée de Cambremer, autre idéaliste inconséquente évoquée par le narrateur : « Ne quittant la lecture de Stuart Mill que pour celle de Lachelier, au fur et à mesure qu'elle croyait moins à la réalité du monde extérieur, elle mettait plus d'acharnement à chercher à s'y faire, avant de mourir, une bonne position[3] ».

Bien évidemment, les deux philosophes cités dans le passage, bien que se rattachant à deux courants de pensée bien différents, mènent le même combat quant à la mise en question d'une existence en soi du monde extérieur. Tous deux fournissent des armes à l'idéalisme théorique extrême de Mme de Cambremer. Mais peut-on préciser leurs thèses ? En ce qui concerne John Stuart Mill, Proust s'est chargé lui-même de le faire dans une lettre à Rosny aîné où il déclare, en se démarquant de tout idéalisme radical : « Je ne suis pas si idéaliste que d'aller plus loin que Stuart Mill pour qui les objets ne sont autre chose que des possibilités permanentes de sensations[4] ».

Quant à Lachelier, qui influencera la pensée de Proust surtout par l'intermédiaire de ses professeurs et, comme l'a montré Luc Fraisse, singulièrement de Séailles[5], il enseignait tout ce que la perception extérieure

1 *T R*, IV, p. 487. Voir une affirmation semblable dans *S G*, III, p. 166.

2 *C G*, II, p. 501. Voir un passage parallèle dans *Swann*, I, p. 394.

3 *S G*, III, p. 315.

4 *Corr.*, K, XXI, p. 82. Lettre 48, 10 mars 1922. Sa connaissance de Stuart Mill lui vient peut-être de son professeur Victor Brochard, qui avait écrit des articles sur Stuart Mill. Voir à ce sujet P. Janet et G. Séailles, *Histoire de la Philosophie. Les problèmes et les écoles*, Paris, Charles Delagrave, 1887, p. 551, n. 1.

5 *Op. cit.*, p. 891.

comporte de *construit* de la part du sujet. Ce que nous appelons la réalité, loin d'être un pur donné, est le résultat d'une élaboration intellectuelle. Lachelier posait une perception pure, sans mélange de pensée, faite de qualités sensibles et d'affects, qui ne sont que des modifications de la conscience individuelle. Dans cette perception pure, les objets extérieurs ne peuvent que « flotter autour de nous comme dans un rêve ». « Mais, poursuit Lachelier, la pensée fait de ce rêve une réalité[1] ». Elle organise en monde et fixe dans l'étendue extérieure toutes ces qualités sensibles éparses qui deviennent alors des objets, lesquels se prêtent à être pensés « objectivement » et à servir de base à une expérience commune.

Mme de Cambremer trouve donc dans la lecture de l'empiriste Stuart Mill et de l'intellectualiste Lachelier un point commun, celui de la mise en question de l'évidence sensible : l'objet est *construit* par la pensée pour Lachelier ; il est pour Stuart Mill réduit aux sensations que nous en éprouvons et demeure, par là même, une réalité simplement *possible*.

Quelle que soit l'importance que Proust accorde à la subjectivité, il ne l'exagère pas au point de faire porter la suspicion sur l'existence en soi de l'objet : réduire celui-ci à un simple rapport avec une conscience, ce serait le relativiser et menacer son être même. La leçon d'idéalisme du narrateur rejette d'ailleurs formellement une telle conséquence excessive : « Ce que je remarquais de subjectif dans la haine comme dans la vue elle-même n'empêchait pas que l'objet pût posséder des qualités ou des défauts réels et *ne faisait nullement s'évanouir la réalité en un pur relativisme*[2] ».

Certes, il existe des expériences où le sens du réel se trouve menacé par la subjectivité exacerbée, comme l'ivresse ou la passion amoureuse par exemple. Mais précisément, ce sont des expériences qui frisent le pathologique, des crises d'exaltation auxquelles le narrateur n'accorde aucune portée métaphysique. Aussi le voyons-nous affirmer en toute clarté que « l'ivresse réalise pour quelques heures l'idéalisme subjectif, le phénoménisme pur ; tout n'est plus qu'apparences et n'existe plus qu'en fonction de notre sublime nous-même[3] ». Quant à l'amour, le narrateur l'évoque comme exemple à la suite d'une phrase qui illustre parfaitement notre propos : « Certains philosophes disent que le monde

1 *Psychologie et Métaphysique*, dans *Œuvres*, p. 202-203.
2 *T R*, IV, p. 492. Nous soulignons.
3 *J F F*, II, p. 173.

extérieur n'existe pas et que c'est en nous-même que nous développons notre vie. L'amour [...] est un exemple frappant, etc.[1] ». Et si l'amour efface la réalité autonome de son objet, c'est bien parce qu'« Albertine n'avait été pour moi qu'un faisceau de pensées[2] ». On voit par là combien l'analyse de l'expérience d'autrui chez Proust n'est pas, dans son principe, psychologique, mais bien métaphysique.

Ainsi, lorsque Proust fait reposer sur la subjectivité son idéalisme, ce n'est en aucun cas pour le tirer du côté du solipsisme, et s'il est vrai que « nous ne voyons le dehors que du-dedans[3] », la réalité de cette extériorité n'y est jamais niée en tant que telle, non plus que la relation du sujet à cette extériorité. Son idéalisme ne l'aurait jamais empêché de s'écrier, avec John Donne : « Aucun homme n'est une île, complète en elle-même[4] ! »

Idéalisme platonisant, idéalisme subjectif modéré, l'idéalisme proustien, à la fois antique et moderne, semble être une ellipse à double foyer. Son auteur tient-il à les joindre par éclectisme ? – Mais l'éclectique, comme son nom l'indique, *choisit* ; or Proust, ici, ne choisit pas ; il assume les deux formes de l'idéalisme et les unit dans sa pensée. Tout simplement parce qu'il perçoit un accord fondamental d'inspiration entre les deux idéalismes, le socle de cet accord étant le rejet du matérialisme. Une formule d'un texte de jeunesse de Proust l'énonce en toute clarté : « Si le matérialisme était vrai (ce dont l'accord à travers les siècles des grandes philosophies idéalistes est un suffisant démenti)[5]... ». Ainsi donc, aux yeux de Proust, ce qu'il y a de commun aux deux idéalismes antique et moderne, c'est leur affirmation de la prééminence de la pensée sur la matière. Le jeune Proust manifeste même une sorte de véhémence dans sa condamnation du matérialisme. Il écrit, dans *Jean Santeuil*, que Jean « ne pouvait admettre qu'un matérialiste fut un homme intelligent[6] ». Or ces positions de jeunesse, que l'on pourrait à la rigueur tenir pour des échos de l'enseignement de Darlu, se maintiendront dans l'œuvre de la maturité, où l'on voit se poursuivre la polémique anti-matérialiste.

1 *A D*, IV, p. 146.
2 *Ibid.*, p. 220.
3 *Swann*, I, *Esquisse* XXXI, p. 752.
4 *Méditations en temps de crise*, 17e méditation, citée par Timothy Brook, dans *Le Chapeau de Vermeer*, trad. fr., Paris, Petite Bibliothèque Payot, 2012, p. 315.
5 *Essais et articles*, p. 348.
6 *J S*, p. 479.

Dans *La Prisonnière* par exemple, le narrateur souligne que pour les grandes questions concernant l'art ou la métaphysique, il y a toujours deux hypothèses explicatives, que l'on ne peut accepter ensemble : « C'est un choix qu'il faut faire entre elles[1] ». La seconde hypothèse est « l'hypothèse matérialiste, celle du néant[2] ». Qu'il s'agisse de la musique de Vinteuil ou de la madeleine trempée dans la tasse de thé, expériences parentes, cette hypothèse ne voit dans l'émoi qu'elles provoquent aucune profondeur : c'est un défaut d'analyse qui les condamne à rester dans le vague d'une « joie nerveuse[3] ». À cela la première hypothèse, celle de l'idéalisme, oppose « la certitude dans le bonheur[4] » de ces expériences, soit celle de la « phrase de musique pure », soit celle de « l'impression inintellectuelle[5] » de la tasse de thé. Et le narrateur donne résolument son adhésion à cette première hypothèse parce que, affirme-t-il, « il n'est pas possible qu'une sculpture, une musique qui donne une émotion qu'on sent plus élevée, plus pure, plus vraie ne corresponde pas à une certaine réalité spirituelle, ou la vie n'aurait aucun sens[6] ». À ce propos l'on pense à un passage de l'*Éthique à Nicomaque* (étudiée par Proust à la Sorbonne) où Aristote justifiait l'existence d'un Bien choisi pour lui-même, en arguant que si le bien était toujours choisi en vue d'autre chose, alors « le désir serait vide et vain[7] ».

Mais Proust ne se contente pas de déclarations générales ; dans ses réflexions sur la lecture, il va poursuivre la polémique sous la forme d'une lutte contre la matérialisation de l'esprit et d'une mise en garde contre les dangers d'une certaine lecture. En effet, certains lettrés, nourrissant un « respect fétichiste pour les livres[8] », finissent par croire que la vérité est semblable à de la nourriture conservée dans des bocaux bien clos, qu'il suffit d'ouvrir pour s'en nourrir. Mais la lecture ne donne pas à manger, elle donne à penser. Et cette pensée n'est pas là, toute faite, dans le livre ; sa vérité n'est pas « une vérité qui se laisse copier sur un carnet[9] » à partir « d'un in-folio jalousement conservé dans un couvent

1 III, p. 876.
2 P. 883.
3 P. 876.
4 P. 883.
5 *Ibid.*
6 III, p. 876.
7 I, 1, 1094 a 22.
8 « Journées de lecture », dans *Pastiches et Mélanges*, p. 183.
9 *Ibid.*, p. 183.

de Hollande[1] ». Elle est une recherche que personne ne peut faire à notre place ; elle est une activité et un effort, car « on ne reçoit pas la sagesse, il faut la découvrir soi-même après un trajet que personne ne peut faire pour nous[2] ». L'erreur de la lecture matérialiste vient du fait que « la vérité ne nous apparaît plus comme un idéal que nous ne pouvons réaliser que par le progrès intime de notre pensée et par l'effort de notre cœur, mais *comme une chose matérielle*, déposée entre les feuillets des livres comme un miel tout préparé par les autres et que nous n'avons qu'à prendre la peine d'atteindre sur les rayons des bibliothèques et de déguster ensuite passivement dans un parfait repos de corps et d'esprit[3] ». Ce texte, qui ne laisse pas de faire penser à la condamnation de l'écriture dans le mythe de Theuth du *Phèdre* de Platon, nous rappelle qu'aux yeux de Proust, l'idéalisme, sous toutes ses formes, est une arme contre le matérialisme, sous toutes ses formes.

Une seconde figure concrète du matérialisme pourrait être encore le projet, bien contradictoire en soi, de « chercher dans la réalité les tableaux de la mémoire[4] ». Lorsque nous voulons, comme l'Olympio de Victor Hugo, revenir sur les lieux où nous fûmes heureux, nous nous apercevons avec amertume que ces lieux ont disparu. Ils ont quitté les lieux. Ils n'existent plus à l'état de choses matérielles, mais bien dans notre esprit. Par bonheur en effet, « les lieux que nous avons connus n'appartiennent pas qu'au monde de l'espace[5] ». S'ils n'existent plus dans l'espace, ils existent dans la mémoire, et donc dans le temps. Le temps retrouve ce que perd l'espace. Et le refuge du temps, c'est l'esprit. Les lieux perdus ne sont pas dans l'espace, ils sont dans la mémoire, c'est-à-dire dans le temps, c'est-à-dire dans l'esprit.

L'idéalisme proustien s'exprime donc par un double enroulement. Le temps est *dans* la conscience qui l'éprouve et qui pense, mais cette conscience s'éprouve aussi, et plus fondamentalement encore, comme *dans* le temps qui la porte et l'excède, dans un temps plus grand qu'elle. Ainsi, il y a dans la conscience temporelle plus qu'elle-même ; c'est pourquoi elle s'éprouve et se sent, nous l'avons vu, comme éternelle. C'est peut-être ce double enroulement qui rend possible, et même nécessaire,

1 P. 181.
2 *J F F*, II, p. 219.
3 *Ibid.*, p. 180-181.
4 *Swann*, I, p. 419.
5 *Ibid.*

le recours proustien aux deux idéalismes, antique et moderne, que nous venons de constater. Certaines différences doctrinales se sont par suite estompées pour cette philosophie de l'esprit qu'est l'idéalisme proustien, dont l'effort propre fut de rassembler tout ce qui a été pour le faire revivre, c'est-à-dire accéder à la vie éternelle par la reviviscence du passé.

L'IDÉALISME ET L'ART

L'originalité de l'idéalisme proustien consiste à trouver ses appuis dans les beaux-arts, essentiellement dans la musique et la peinture. Les arts ne sont pas affaire d'imitation, mais de réalité, et cette réalité est supra-sensible : Proust parle en effet, dans une lettre à Robert Dreyfus, de « la réalité supra-sensible de l'art[1] ». Et il répétera à plusieurs reprises la formule de Léonard de Vinci : « la peinture est chose mentale », qu'il emprunte à un ouvrage de Gabriel Séailles[2], mais en lui donnant une portée générale : « *Cosa mentale*, dit par Léonard de Vinci de la peinture, peut s'appliquer à toute œuvre d'art[3] ».

Cette liaison entre l'art et l'esprit se manifeste de la façon la plus claire dans la *musique*. Le musicien est en effet « comme le citoyen d'une patrie inconnue », une « patrie perdue », et « il délire de joie quand il chante selon sa patrie[4] ». Son chant est une « prière » ; le mouvement de la sonate de Vinteuil est « comme philosophique[5] » et sans nul doute sa philosophie est une leçon d'idéalisme. Dans le cas de la musique, cet idéalisme est plutôt l'idéalisme antique, d'inspiration platonisante. Dès *Jean Santeuil* en effet, Proust évoque une phrase de la *Première sonate pour piano et violon* de Saint-Saëns[6] ; il la conçoit comme dotée d'une

1 *Corr.*, K, VIII, p. 123. Lettre 60, du 16 mai 1908.

2 *Léonard de Vinci, l'artiste et le savant*, Paris, Perrin, 1906 (2e éd.), p. 430.

3 *Corr.*, K, XX, p. 497. Lettre 292 à André Lang, octobre 1921. La formule est citée aussi dans *J F F*, I, p. 491.

4 *La Prisonnière*, III, p. 761.

5 *Ibid.*, III, p. 759.

6 Proust se déprendra plus tard de Saint-Saëns, si l'on en croit une lettre à Jean Cocteau où il déclare abruptement : « À propos de Saint-Saëns, je dois dire que jamais un musicien ne m'a autant emmerdé » (*Corr.*, K, XVIII, p. 267. Lettre 124, juin 1919). Après le rejet de Saint-Saëns, Proust se réfère à la Sonate pour piano et violon de Franck (*ibid.*, XII, p. 147.

existence indépendante, « une créature invisible et mystérieuse[1] » qui s'adresse à lui : « Mais elle, cependant, parlait ; [...] lui montrant en souriant l'avenir, elle parlait. Et elle lui dit ce qu'elle avait à lui dire. Et pendant tout ce temps, il la sentait bien réelle, s'adressant bien à lui[2] ». Et Jean s'interroge sur la nature de cette phrase musicale qui vit de sa vie propre, qui existe par soi :

> Qu'était-ce donc, cette chose, [...] qu'était-ce ? Il sentait la petite phrase courir, se rapprocher du moment où elle serait finie, sans avoir vu apparaître la petite âme paisible, désenchantée, mystérieuse et souriante qui survivrait à nos maux et semblait supérieure à eux, à qui il voulait demander le secret de sa durée et la douceur de son repos[3].

Cette affirmation d'une existence en soi de l'être musical est particulièrement apparente dans une Esquisse non retenue de la *Recherche*, celle où la sonate est comparée à un rat fabuleux : « C'était comme si [...] on eût tout d'un coup, comme on fait sortir d'une cage un rat fabuleux, lâché la sonate. Les instrumentistes avaient l'air de courir après elle, le pianiste [...] cherchait en vain à la rattraper[4] ». Ce qu'il faut souligner aussi dans ce texte, c'est le fait que les instrumentistes ne jouent qu'un rôle secondaire ; ils ne sont pas les auteurs d'une quelconque « production musicale ». En effet, la sonate n'est pas *produite* par eux : elle leur préexiste, et « Swann n'avait pas tort de croire que la phrase de la sonate *existât* réellement[5] ». Toutes leurs gesticulations, ainsi que leurs instruments, ne sont là que pour satisfaire au cérémonial qui annonce la venue du motif musical, « comme si les instrumentistes, beaucoup moins jouaient la petite phrase qu'ils n'exécutaient les rites exigés d'elle pour qu'elle apparût, et procédaient aux incantations nécessaires pour obtenir et prolonger quelques instants le prodige de son évocation[6] ».

Lettre 65 à Antoine Bibesco, 19 avril 1913) ; ainsi qu'à « un ravissant morceau de piano de Fauré » (XVIII, p. 194. Lettre 76, à J. de Lacretelle, 20 avril 1918). Il y ajoutera les derniers Quatuors de Beethoven (XV, p. 61. Lettre 20 à Madame Albert Hecht, 7 mars 1916. Voir aussi XVII, p. 109. Lettre 36 à Robert de Montesquiou, 13 février 1918).

1 Éd. citée, p. 843.

2 *Ibid.*

3 P. 818.

4 *T R*, IV, *Esquisse LXII*, p. 948.

5 *Swann*, I, p. 345. Nous soulignons.

6 I, p. 342. Le narrateur parle plus loin, à propos des instrumentistes, « des rites de ces officiants » (I, p. 347). Le caractère secondaire de l'instrumentiste ne vient pas du fait qu'il

Le caractère secondaire de la qualité de l'instrument ou de la virtuosité de l'instrumentiste rapproche l'exécution d'une sonate de la démonstration mathématique. En géométrie en effet, chacun sait que l'on peut raisonner juste sur une figure fausse, la figure n'étant que le graphe approximatif de l'idéalité mathématique. Il en va de même en musique, et « bien qu'Odette jouât fort mal, [...] la vision la plus belle qui nous reste d'une œuvre est souvent celle qui s'éleva au-dessus des sons faux, tirés par des doigts malhabiles, d'un piano désaccordé[1] ». Ce rapprochement entre musique et mathématique nous semble autorisé par une Esquisse des Cahiers de la *Recherche*, où le narrateur dit de la petite phrase musicale qu'« elle a l'air d'être du son, elle n'est en réalité que du sentiment et de la pensée. Justement elle est belle dans la mesure où elle a imbibé le son, la matière, de sentiment et d'esprit, jusqu'à ce qu'il n'y ait plus un seul atome de son qui ne soit esprit[2] ». La vérité de la qualité sensible saisie par l'oreille est donc à trouver ailleurs que dans la vibration acoustique matérielle[3]. Ce qu'entend véritablement l'auditeur, c'est l'essence[4] de la petite phrase comme « *appartenant à un autre monde.* Elle passait à plis simples et immortels[5] ». Cet autre monde est bien (même s'il s'en distingue, nous le verrons, sur certains points) le monde des Idées, ou essences, de l'idéalisme platonicien, et le narrateur prend d'ailleurs bien soin de le souligner : « Swann tenait les motifs musicaux pour de véritables idées, d'un autre monde, d'un autre ordre[6]... ». La musique comprise, et vécue, comme « une réalité

n'est qu'instrumentiste, car Vinteuil lui-même, quand il est au piano, devient tout à fait accessoire, et en tant que tel disparaît. Son « jeu est devenu si transparent, si rempli de ce qu'il interprète que lui-même on ne le voit plus, et qu'il n'est plus qu'une fenêtre qui donne sur un chef-d'œuvre » (*C G*, II, p. 347).

1 I, p. 233.

2 *Swann*, I, *Esquisse LXXIV*, p. 913.

3 Que le narrateur nomme « la qualité matérielle des sons sécrétés par les instruments » (*S*, I, p. 205).

4 Ce concept est avancé, à propos de la petite phrase, dans *Swann*, I, p. 343, ligne 12. Ainsi que p. 233, ligne 32 : « ...La petite phrase venait ajouter, amalgamer son essence mystérieuse... ». À la p. 343, le narrateur emploie aussi l'expression de « mystérieuse entité » (ligne 39), et à la page 345 celle de « créatures surnaturelles » (lignes 9-10).

5 *S*, I, p. 215.

6 *Ibid.*, p. 343. On objectera peut-être que le narrateur ne met pas de majuscule à « Idée », comme le veut la tradition quand il s'agit des « Formes », ou essences, de l'idéalisme platonicien. Ce serait oublier qu'il écrit, quel qu'en soit le contenu philosophique, un roman, et non pas un traité d'histoire de la philosophie. Il faut noter aussi que le narrateur

supérieure aux choses concrètes[1] » s'inscrit bien dans ce réalisme des essences propre à l'idéalisme platonicien, lieu des « réalités invisibles[2] » aux yeux du corps parce qu'elles sont *sine materia*, sans matière[3].

Ainsi, Vinteuil n'est pas à proprement parler un « créateur », comme on a pris l'habitude d'appeler les artistes ; il ne crée rien, il met au jour. Cet « explorateur de l'invisible[4] » a simplement réussi à capter la petite phrase dans le monde divin qui échappe à l'homme ordinaire. L'artiste ne fabrique rien, il *dévoile*, c'est-à-dire conduit au jour l'être dans sa vérité : « Swann sentait que le compositeur s'était contenté, avec ses instruments de musique, de la dévoiler, de la rendre visible, d'en suivre et d'en respecter le dessin[5] ».

Nous venons d'évoquer l'inspiration platonicienne de la nature de la musique pour Proust ; néanmoins, quelques divergences sautent aux yeux. Tout d'abord, ces Idées que sont les motifs musicaux sont, dit le narrateur, « impénétrables à l'intelligence[6] ». On reconnaît, dans cette remarque, la doctrine proustienne de l'incapacité de l'intelligence, comme de la mémoire volontaire, à saisir la vie même de l'impression, son essence. Or, pour Platon, l'accès à l'essence est réservé à l'intellection. Il s'ensuit que la sensation ne peut que gêner cet accès, et chez Platon ce sont seulement les contradictions de l'expérience sensible qui, plongeant l'âme dans l'étonnement, l'inciteront à dépasser cet univers sensible contradictoire pour atteindre l'être pleinement être et identique à soi. Or, nous avons souligné précédemment le rôle beaucoup plus positif de l'expérience sensible dans la pensée de Proust. Mais pour apprécier ce rôle, une analyse de la nature de la sensation est souhaitable. Les précisions sur cette nature sont données par ce que l'on peut appeler la théorie du « liséré spirituel » présente dans la *Recherche*. La sensation n'est pas une brusque mise en contact de l'ébranlement de l'organe sensoriel du corps et du sentiment du sujet qui l'éprouve ou, pour le dire en termes plus généraux, elle n'est pas la suture d'une matière et

---

utilise la majuscule et écrit « Idée » lorsqu'il l'interprète comme « forme divine » (*T R*, IV, p. 477), en toute orthodoxie des traductions de Platon.

1 I, p. 233.

2 I, p. 208.

3 I, p. 206.

4 I, p. 345.

5 I, p. 345.

6 I, p. 343, lignes 26-27.

d'une conscience, bref d'un corps et d'une âme. L'âme en effet ne peut s'assimiler que de l'immatériel[1], et si l'âme perçoit, c'est en quelque sorte sans y toucher. Pour exposer plus complètement sa théorie, le narrateur utilise une splendide métaphore :

> Quand je voyais un objet extérieur, la conscience que je le voyais restait entre moi et lui, le bordait *d'un mince liséré spirituel* qui m'empêchait de jamais toucher directement sa matière ; elle se volatilisait en quelque sorte avant que je prisse contact avec elle, comme un corps incandescent qu'on approche d'un objet mouillé ne touche pas son humidité parce qu'il se fait toujours précéder d'une zone d'évaporation[2].

Il ne s'agit pas là d'un texte isolé : le mot d'*immatériel* est souvent lié, dans la *Recherche*, à celui de *sensation*. Ainsi, *Le Temps retrouvé* affirme que « les choses, [...] sitôt qu'elles sont perçues par nous, deviennent en nous quelque chose d'immatériel[3] ».

Nous voyons donc que la sensation, par la meilleure moitié d'elle-même, appartient à l'esprit ; c'est pourquoi elle est capable de porter le souvenir, dans lequel la sensation est anoblie par l'essence beaucoup plus que l'essence n'y est contaminée par le sensible. Ainsi, le rôle éminent de la sensation dans la doctrine proustienne n'est en aucun cas une concession faite au matérialisme, puisque la sensation, telle qu'elle est sentie, est en quelque sorte arrachée à la matière.

L'art nous introduit à « la vie réelle, qui est mentale[4] » et tout art, avons-nous dit, est pour Proust *cosa mentale.* Mais c'est pour la *peinture* que Léonard avait avancé cette formule qui, chez Proust et pour le peintre, va renvoyer à un contenu de la subjectivité de l'artiste plutôt qu'à une essence à lui extérieure, comme c'était le cas, nous venons de le voir, pour la musique. Nous voici donc placés devant un paradoxe. On s'attendrait à voir, en effet, la peinture rangée du côté de l'objectivité,

---

1 *S*, I, p. 84.

2 I, p. 83. Nous soulignons. La théorie est évoquée aussi dans *T R*, IV, p. 553, où le narrateur évoque le liséré de la perception « qui empêche la mise en contact absolue de la réalité et de l'esprit ». Voir encore un texte parallèle, *ibid.*, p. 470.

3 IV, p. 463. Swann est nommé le « dilettante de sensations immatérielles » (I, p. 263). Et le fameux morceau sur la madeleine n'hésite pas à qualifier l'odeur et la saveur, bien qu'elles soient liées à la nutrition, de sensations « immatérielles » (*S*, I, p. 46). Proust savait-il que certains Pythagoriciens professaient que l'on peut se nourrir d'odeurs, comme en témoigne Aristote ? (*De Sensu*, 445 a 16 *sqq.*).

4 *A D*, IV, p. 122.

puisqu'elle imite une nature extérieure, alors que la musique, art du temps et non de l'espace, a pour lieu l'intériorité du sujet et de son écoute. Mais ce qui se produit chez Proust est en général tout l'inverse : c'est la musique qui fait chez lui appel à la transcendance de l'essence, et la peinture à la profondeur immanente de la subjectivité.

À quoi est dû ce renversement ? Peut-être à des références culturelles, la *Métaphysique de la musique* de Schopenhauer ayant orienté Proust vers Platon, alors que l'impressionnisme pictural d'Elstir[1] incline le narrateur à voir dans le tableau l'impression du peintre, le point de vue de sa vision propre, qui volatilise la solidité de l'église de campagne en un « joli clocher spiritualisé », selon l'expression d'une lettre de Proust[2]. L'impressionnisme en effet est une peinture où domine la subjectivité, c'est pourquoi elle dissout l'objet. « Un paysage est un état d'âme », dira Amiel ; Monet disait : une *impression.* La vision impressionniste a pour caractère de lier absolument la subjectivité du peintre au rendu de l'objet. Ce dernier n'existe pas en tant que tel ; toute sa nature consiste non pas à reposer en lui-même, mais à renvoyer au regard du peintre qui vous en propose l'image. En ce sens Cézanne, dont les « natures mortes sont merveilleusement occupées d'elles-mêmes » selon Rilke[3], ne serait pas un peintre impressionniste car si ses natures mortes sont occupées d'elles-mêmes, elles ne le sont pas de celui qui les regarde, peintre ou spectateur[4]. Aux yeux du véritable impressionniste, « ce qui semble extérieur, c'est en nous que nous le découvrons[5] ». Toute extériorité est vue par lui de l'intérieur, et dans l'intérieur.

Cette thèse proustienne n'est pas valable seulement pour la peinture impressionniste, mais aussi pour les peintres méditatifs, comme Rembrandt ou Gustave Moreau par exemple. Dans son étude sur Rembrandt, Proust livre d'emblée sa conception de l'art pictural, dont « les musées sont des maisons qui abritent seulement des pensées[6] », et

1 Elstir est nommé, dans *S G* (III, p. 402) « le grand impressionniste ».

2 *Corr.*, K, III, p. 383. Lettre 221, à Georges de Lauris, 29 juillet 1903. Il s'agit « ...du joli clocher spiritualisé » d'un village de la Beauce, « qui pointe vers le couchant et se fond dans ses nuées roses avec tant d'amour ».

3 *Œuvres*, publiées sous la direction de Claude David avec la collaboration de Rémy Colombat, Bernard Lortholary et Claude Porcell, Paris, Gallimard, « Bibliothèque de la Pléiade », 1993, p. 1014.

4 Proust déclare d'ailleurs dans une lettre : « Malheureusement, je n'ai jamais vu de Cézanne ». (*Corr.*, K, XVIII, p. 268. Lettre 124, à Jean Cocteau, juin 1919).

5 Proust. *Corr.*, K, XX, p. 497. Lettre 292, à André Lang, octobre 1921.

6 *Essais et articles*, p. 659.

ici la restriction introduite par l'adverbe est un manifeste d'idéalisme. Le clair-obscur qui enveloppe les tableaux de Rembrandt est celui-là même de la chouette de Minerve, sa « matière dorée », que Proust appelle « son jour propre » est en même temps « le jour même de sa pensée[1] » et aussi le jour de la pensée. Non content de peindre le philosophe, Rembrandt a peint la philosophie, la philosophie réflexive du moins, celle de l'idéalisme moderne. Il en va de même pour Gustave Moreau, dont Proust commente la *Femme portant la tête d'Orphée*[2]. Ce tableau ne porte pas simplement figure et couleur ; à la limite, il n'est rien de matériel. Ce qui nous fixe n'est plus le regard d'Orphée, mais la pure pensée du peintre :

> Nous voyons dans cette tête d'Orphée quelque chose qui nous regarde, la pensée de Gustave Moreau peinte sur cette toile qui nous regarde de ces beaux yeux d'aveugle que sont les couleurs pensées[3].

Chez Chardin, dont nous avons noté déjà l'importance dans l'esthétique de Proust, ce n'est pas seulement le tableau en lui-même qui est une leçon d'idéalisme. Les natures mortes de Chardin en effet peignent des scènes familières, une cuisine et ses cuivres, des huîtres ouvertes qui jonchent la table desservie de leurs petits bénitiers de nacre, et cette vie tranquille transforme notre regard ; elle poétise, par la grâce de l'artiste, toute la prose de notre monde quotidien morose et terne. La manière de *voir les choses* de Chardin est devenue nôtre ; il a créé ce monde visuel que désormais nous partageons avec lui. Son génie produit un univers personnel qui sublime le nôtre, et qu'il n'a pas reçu d'en haut. Nous voyons qu'il s'agit là, non pas de la réception d'une essence, mais de sa création ; en projetant sa subjectivité sur le monde, le peintre a créé pour longtemps notre monde visuel, parce que désormais ses tableaux habitent notre regard. Ainsi, « la vue de certains tableaux de Chardin a fait, de nos jours les plus simples, des lieux les plus habituels et les plus pauvres, *un séjour délicieux habité par l'esprit*[4] ». Le monde est alors peuplé de Chardins dont le *moi* de Chardin est l'auteur, si bien qu'être

---

1 *Ibid.*, p. 660.

2 On trouvera une reproduction de ce tableau de 1865 (Musée du Louvre) dans l'ouvrage de Jean Selz, *Gustave Moreau*, Paris, Flammarion, 1978, p. 15.

3 *Essais et articles*, « Notes sur le monde mystérieux de Gustave Moreau », p. 671.

4 *J F F*, II, *Esquisse LVI*, p. 974. Nous soulignons.

propriétaire de tous ses tableaux ne nous avancerait guère, puisque aussi bien « innombrables sont les Chardin que nous présente tous les jours notre modeste salle à manger[1] ».

Cette conception prométhéenne d'un esprit (ici l'esprit d'un *ego*) créateur de la réalité extérieure est bien le fond de la leçon des grands idéalistes modernes. Et cette leçon est retenue au bénéfice du représentant de la peinture dans la *Recherche*, l'impressionniste Elstir. Le peintre impressionniste ne se soumet pas à l'écoute de la voix d'une essence transcendante, comme le faisait Vinteuil ; le sens artistique est au contraire pour lui « la soumission à la réalité intérieure[2] ». Cette réalité est subjective ; elle est semblable à la monade leibnizienne, qui est un point, mais un point qui est aussi un point de vue. Autant de points de vue, autant de variations dans le rendu d'un même objet. La véritable richesse de la vision ne consiste pas à multiplier les paysages contemplés et d'en chercher sans cesse de nouveaux, mais aussi (et surtout) à multiplier les manières d'en voir un seul. La Venise de Monet n'est pas celle de Carpaccio ou de Canaletto : Venise est à mettre au pluriel, puisqu'il y a autant de Venises que de peintres originaux qui ont revêtu ses toits, ses ponts, ses sombres ruelles et sa lagune de leur sceau particulier. C'est pourquoi « le seul véritable voyage, le seul bain de Jouvence, ce ne serait pas d'aller vers de nouveaux paysages, mais d'avoir d'autres yeux, de voir l'univers avec les yeux d'un autre, [...] un Elstir[3]... ». Ce que peint Elstir, c'est avant tout le peintre lui-même, sa propre vision et, en ce sens, tout tableau de lui est un autoportrait. Le peintre impressionniste ne reproduit pas le monde, il le produit ; son art est créateur et non mimétique. Le monde que nous percevons était en fait le monde d'un certain style pictural : qu'un artiste fasse voir un style nouveau, c'est notre perception même qui sera changée. Ce qu'elle verra désormais, ce sera l'apport de ce style nouveau qu'elle prendra pour la réalité même : « Et voici que le monde (qui n'a pas été créé une fois mais aussi souvent qu'un artiste original est survenu) nous apparaît entièrement différent de l'ancien, mais parfaitement clair. Des femmes passent dans la rue, différentes de celles d'autrefois, puisque ce sont des Renoir, ces Renoir où nous nous refusions jadis à voir des

1 *Ibid.*, p. 975.
2 *T R*, IV, p. 461.
3 *La Prisonnière*, III, 762. Voir un autre texte parallèle p. 665.

femmes[1] ». Le monde réel, c'est donc le monde de l'art ; il est, sinon ma représentation, du moins la représentation du grand artiste, « ce rêve où la nature avait appris l'art[2]... ». L'exaltation de la subjectivité que manifeste une telle conception va de pair avec la déréalisation de l'objet opérée par l'impressionnisme et sa technique de la touche colorée. C'est pourquoi la peinture d'Elstir est à ce point liée au thème des jeunes filles en fleurs : le flou de ses figures, simplement suggérées par les points lumineux, s'oppose à la forme sertie par le dessin. Ce flou convient à l'adolescence, car « l'adolescence est antérieure à la solidification complète[3] ». La décomposition de la forme est l'expression de la jeunesse, de la croissance en mouvement. Le regard du peintre accélère la germination du monde en opposition à la perception statique habituelle, et cela démontre « combien les choses sont poreuses à l'esprit et s'en imbibent[4] ». L'esprit idéaliste crée le monde phénoménal : on le retrouve lové dans les bouquets de fleurs, dans les vies tranquilles de ce que le français appelle si improprement les « natures mortes ». Nous constatons ici un parallèle entre le livre et le tableau : de même qu'un vrai livre n'est pas le volume touché par nos doigts mais le fruit de la lecture que nous en avons faite, le vrai tableau sera « en nous quelque chose d'immatériel[5] ». En effet, le tableau n'est pas un cliché photographique, mais le résultat d'une vision, et cette vision est celle d'un sujet : « Elstir ne [pouvait] regarder une fleur qu'en la transplantant d'abord dans ce jardin intérieur où nous sommes forcés de rester toujours[6] ».

– Néanmoins, l'idéalisme proustien ne tend pas vers le solipsisme, nous l'avons vu, et sa conception de l'art nous le confirme. La subjectivité proustienne n'est pas une subjectivité fermée sur elle-même : « *Par l'art seulement, nous pouvons sortir de nous*, savoir ce que voit un autre[7] ». L'adverbe « seulement » nous fait comprendre les diatribes du narrateur contre l'amitié, sa conception pessimiste des rapports avec autrui[8], et de l'amour même. Si le domaine de la psychologie ne permet pas une

1 *C G*, II, p. 623.
2 *Ibid.*, p. 444.
3 *J F F*, II, p. 259.
4 *T R*, IV, p. 466.
5 *Ibid.*, p. 463.
6 *S G*, III, p. 334. Voir aussi *T R*, IV, p. 461, où le narrateur parle de « la soumission à la réalité intérieure ».
7 *T R*, IV, p. 474. Nous soulignons.
8 Voir *C G*, II, p. 367.

véritable communication entre les consciences, c'est parce que la psychologie (à laquelle se cantonnait la critique de Sainte-Beuve) n'a qu'un accès extérieur à la personne : l'apparence corporelle, le personnage social, le comportement habituel ou les ridicules, les traits de caractère enfin. Mais tout cela n'engage pas la connaissance de la profondeur et de la réalité de l'être que nous sommes, et c'est pourquoi ceux que nous voyons tous les jours peuvent complètement nous méconnaître. L'œuvre seule révèle le moi authentique et sa vision originale, dans sa réalité enrichissante : « Grâce à l'art, au lieu de voir un seul monde, le nôtre, nous le voyons se multiplier[1] ». C'est pourquoi le narrateur n'a pas de mots assez durs contre « les célibataires de l'art[2] », ceux qui refusent de *se mettre à l'œuvre*, de porter au jour ce qui gisait dans la profondeur de soi et qui seul peut trouver le chemin d'un autre soi. Car le propre d'une œuvre est de faire que ses lecteurs soient en même temps « les propres lecteurs d'eux-mêmes[3] ». Les subjectivités productrices d'un monde, parce qu'elles le donnent à partager, peuvent seules réaliser cette empathie que la conversation et les entretiens n'effleurent même pas. C'est pourquoi Elstir est seul à s'attrister vraiment de la mort de M. Verdurin. En effet, avec la disparition de ce critique d'art averti, c'est « un peu de la beauté de son œuvre qui s'éclipsait, avec un peu de ce qui existait, dans l'univers, de conscience de cette beauté[4] ».

Le moi réel est donc le moi profond, celui que l'art seul fait apparaître, chez nous-même comme chez autrui, et c'est le seul qui s'ouvre à l'échange. L'idéalisme opère un renversement dans l'ordre habituel de la manifestation : le moi profond n'est pas caché par essence, mais par accident ; il est en fait un moi de lumière. Le moi empirique au contraire ne révèle rien d'essentiel ; au contraire, il le masque. C'est pourquoi les personnages créés par l'art sont des types et ne se laissent pas expliquer par des « clés ». En témoignent les réactions indignées des prétendus « modèles » de Proust, se reconnaissant dans les personnages de la *Recherche.* Ces modèles empiriques ont existé, certes, mais précisément ils ne sont pas des modèles dans la mesure même où ils sont empiriques. C'est pourquoi Oriane de Guermantes est immémorialement

1 *Ibid.*
2 *T R*, IV, p. 470.
3 IV, p. 610.
4 IV, p. 349.

plus *réelle* que Mesdames Greffulhe ou Chevigné leurs prétendus modèles empiriques, quels qu'aient été leur beauté physique, leur richesse et leur rang social. Celles-ci vivaient dans le temps qui passe, alors que celle-là s'inscrit dans le temps de l'art, c'est dire dans le temps qui reste. C'est pour n'avoir pas senti cette distance entre le type éternel qu'est Oriane de Guermantes et elle-même que la Comtesse de Chevigné indirectement s'attirera, en réponse à ses plaintes de se voir « caricaturée » en Duchesse de Guermantes, cette cruelle réplique de Proust : « En faisant d'elle un puissant vautour, j'empêche au moins qu'on la prenne pour une vieille pie[1] ».

En passant de l'empiricité à l'art, la réalité s'est déplacée, et c'est ce déplacement qui constitue l'idéalisme, qu'il soit antique ou moderne. Se pose alors la question de la compatibilité de ces deux figures de l'idéalisme proustien. Ce problème n'est pas abordé de façon théorique par le romancier, parce qu'il est romancier justement. Mais l'on peut interroger à ce sujet l'une de ses images, celle du jet d'eau décrit par le narrateur visitant, lors d'une soirée, les jardins du Prince de Guermantes[2]. On lira cette description dont il nous suffira d'évoquer l'articulation.

Elle est construite sur l'opposition systématique de deux termes, le lointain et le proche[3]. La vision du jet d'eau dans le lointain nous livre l'image classique d'une forme immobile et dure ; elle rappelle le tableau XVIIIe siècle d'Hubert Robert : « À cette distance, on avait l'impression de l'art plutôt que la sensation de l'eau[4] ». Mais, sous le dessin épuré et fixe du jet, se révèle à la vision proche le bouillonnement de la vie. On perçoit sous la forme arrêtée « des eaux toujours nouvelles[5] » ; leurs « mille bonds épars » ont remplacé « l'unique élan[6] » dans sa sveltesse initiale.

Un second temps de l'opposition du lointain et du proche souligne une opposition entre le continu et le discontinu. La « continuité sans lacune » du jet vu dans l'éloignement cède la place à un faisceau de jets

---

1 Princesse Bibesco, *Le Voyageur voilé*, p. 111. Cité par G. de Diebach, *Proust*, Paris, Perrin, 1991, p. 716.

2 *S G*, III, p. 56-57.

3 « On voyait de loin » (p. 56, ligne 11). « Mais de près » (ligne 19). Puis : « À distance » (ligne 25) et « de loin » (ligne 28), opposés à « D'un peu près » (ligne 29) et « De près » (ligne 35).

4 P. 56. On trouvera la reproduction du tableau d'Hubert Robert : « Vue d'un parc, le jet d'eau » (1783) dans Éric Karpeles, *Le Musée imaginaire de Marcel Proust*, *op. cit.*, p. 32.

5 *Ibid.*

6 *Ibid.*

latéraux de différentes hauteurs, quand il est vu de près. Des gouttes retombées croisent dans leur chute les gouttes montantes, entourant d'une « molle vapeur » la tige immobile de la colonne centrale.

Ce paradigme du jet d'eau illustre le passage d'une forme unique et sanglée, bref, d'un style, à une prolifération anarchique et vaporeuse de particules multiples. Mais, ce qui est capital et doit être souligné car là est le but de l'analyse, la prolifération anarchique des particules de l'eau ne s'écarte pas du dessin initial de la forme du jet et de son « unique élan ». Elles « l'accomplissaient exactement en paraissant les violer[1] ».

Ce qui signifie que la source des différences ici notées n'est autre que la différence des points de vue du spectateur. Or ici nul relativisme, et encore moins de scepticisme : on va d'Hubert Robert à Elstir, et ce faisant, on enrichit sa vision du monde ; mieux, on multiplie les mondes. Or, le paradigme du jet d'eau éclaire peut-être les rapports entre les deux idéalismes que nous avons vus à l'œuvre dans la musique et dans la peinture. Deux points de vue qui se complètent, plutôt que l'exclusion réciproque des concepts de transcendance et d'immanence. Ces points de vue se réconcilient dans la mesure où tous deux travaillent à la même tâche, celle qui importe à Proust : montrer que l'art dans son ensemble, et chaque art à sa manière, poursuivent le même accomplissement de l'esprit. Tant et si bien que l'on peut parler, malgré la césure de l'histoire, d'un seul et même idéalisme proustien.

De même il serait faux d'opposer, comme l'a fait Gilles Deleuze, les révélations de l'art à celles de la mémoire et, qui plus est, de proclamer la supériorité des unes sur les autres. Deleuze écrit en effet, dans le but de dévaloriser le rôle joué par la mémoire dans la *Recherche*, que « chez Proust, les clochers de Martinville et la petite phrase de Vinteuil, qui ne font intervenir aucun souvenir, aucune résurrection du passé, l'emporteront toujours sur la madeleine et les pavés de Venise, qui dépendent de la mémoire[2] ». Nous disions qu'un tel jugement est faux parce que le texte même de la *Recherche* le nie expressément. En effet, nous lisons dans *La Prisonnière* que « rien ne ressemblait plus qu'une belle phrase de Vinteuil à ce plaisir si particulier que j'avais quelquefois éprouvé dans ma vie, par exemple devant les clochers de Martinville, certains arbres d'une route de Balbec ou plus simplement, au début de cet ouvrage, en buvant une

1 P. 56.
2 *Proust et les signes*, *op. cit.*, p. 9.

certaine tasse de thé[1] ». L'idée de perfection que nous communiquent les chefs-d'œuvre de l'art tout comme les extases temporelles de la mémoire involontaire s'allient donc chez Proust et se rejoignent pour cimenter l'unité de son inspiration et de son œuvre. Dans les deux cas, il s'agit bien d'une expérience où l'esprit retrouve l'esprit, bref d'une leçon d'idéalisme où se traduit « la vocation invisible dont cet ouvrage est l'histoire[2] ».

LA QUESTION RELIGIEUSE

On classe en général Proust parmi les agnostiques, sans entrer dans les nuances de sa position face au problème religieux. Or, ces nuances existent. Proust ne cesse, à propos de la mort des êtres aimés, de revenir sur le problème de l'au-delà, d'un au-delà exprimé en termes religieux. Parlant d'Albertine morte, le narrateur écrit : « Au-delà de ce clair de lune qu'elle aimait, je tâchais de hausser jusqu'à elle ma tendresse pour qu'elle lui fût une consolation de ne plus vivre, et cet amour pour un être devenu si lointain était *comme une religion*, mes pensées montaient vers elle *comme des prières*[3] ».

C'est essentiellement le problème de la survivance des êtres chers après la mort qui conduit Proust à se poser la question classique de l'immortalité de l'âme : dans le texte cité, le narrateur s'adresse à Albertine, bien qu'elle ne vive plus de la vie terrestre, comme les héros d'Homère s'adressent aux pâles fantômes des âmes des défunts, qui mènent dans l'Hadès une vie amoindrie, à l'état d'ombres plaintives et sans vigueur[4].

---

1 III, p. 876-877. On lira un texte parallèle à la p. 765 du même roman, ainsi qu'un passage du *Temps retrouvé*, IV, p. 456.

2 *C G*, II, p. 691.

3 *A D*, IV, p. 93. Nous soulignons. L'attirance de Proust pour les textes religieux a été justement soulignée par Julia Kristeva : « Ainsi Proust utilise fréquemment des citations de l'Ancien Testament, mais aussi des Évangiles. Ces évocations font partie de l'héritage culturel général, mais Proust les emploie avec une fréquence et une intensité toutes particulières » (*Le Temps sensible*, *op. cit.*, p. 261). Et elle ajoute de façon saisissante : « Tous ceux qui l'ont connu pendant ses dernières années ont été frappés par la vigueur mystique de cette transmutation d'un corps en littérature » (*ibid.*, p. 341).

4 Cette conception homérique de l'âme du défunt est appliquée aussi à la grand-mère du narrateur dans *Sodome et Gomorrhe*, III, p. 175.

Bien entendu, on ne peut voir en Proust un croyant compact, un de ces professionnels de la Foi qui font sonner haut leur certitude. Mais il déclare à son banquier et ami Lionel Hauser : « Si je n'ai pas la Foi, comme tu dis, en revanche la préoccupation religieuse n'est jamais absente un jour de ma vie[1] ». Et il donne aussitôt la preuve de cette méditation constante par la réfutation de l'un des arguments majeurs de l'athéisme contre l'existence d'un Dieu bon et tout-puissant, à savoir celui de l'existence du mal, argument avancé par des hommes qui prétendent pouvoir mieux réussir par eux-mêmes ce que Dieu a manqué. Ces objections contre l'existence de Dieu « fondées sur l'existence du Mal, etc. me semblent absurdes, puisque la souffrance seule me semble avoir fait et continue à faire de l'homme un peu plus qu'une brute[2]. Mais de là à la certitude, même à l'Espérance, il y a un long trajet. Je ne l'ai pas encore franchi. Le franchirai-je jamais[3] ? ». Formulations ambiguës, hésitantes, interrogations évasives que l'on retrouve dans une lettre où Proust parle de sa mère et déclare : « *Dans les heures où j'adhère* à la philosophie récente – et si vieille – qui veut que les âmes survivent, je me penche vers elle[4]… ».

Ce manque de chaleur dans l'expression ne traduit-elle qu'un profond scepticisme ? Relisons, pour en trancher, les *Soliloques sceptiques* de La Mothe Le Vayer, qui contiennent quelques réflexions aiguës sur la nature de la croyance, celle en l'immortalité de l'âme en particulier. Le Vayer raconte plaisamment comment Pomponazzi, tombé dans les griffes de l'Inquisition romaine « pour avoir dit nettement dans sa chaire de Professeur de Philosophie qu'il ne croyait pas à l'immortalité de l'âme[5] », se tira d'affaire en déclarant que « l'on ne croit pas les choses que l'on sait[6] ». Et il cita les démonstrations d'Albert le Grand prouvant que nos âmes étaient immortelles.

Ainsi, avouer l'incertitude ne ferme pas la porte à la croyance ; bien au contraire, elle l'ouvre toute grande. L'opposition du croyant à l'incroyant

1 *Corr.*, K, XIV, p. 218. Lettre 106, septembre 1915.

2 On songe à la formule de Hegel affirmant que l'animal malade est la naissance de l'esprit.

3 *Ibid.* (Lettre 106, sept. 1915).

4 *Corr.*, K, XVIII, p. 397. Lettre 225, à Mme Catusse, septembre 1919. Proust fait allusion à Bergson et à Platon. On peut penser aussi à une autre lettre de Proust à Paul Morand, où peu de mois avant sa mort, Proust s'exclame : « Hélas, je crois à peine en Dieu… » (*ibid.*, XXI, p. 289. Lettre 207, 16 juin 1922).

5 Paris, I. Lisieux, 1875, p. 14.

6 *Ibid.*, p. 15.

repose en ce domaine sur une confusion. On doit opposer l'athéisme (Dieu n'existe pas) au théisme (Dieu existe) ; tous deux sont dogmatiques. Et opposer aussi l'agnostique (ni oui, ni non) au croyant, qui croit en Dieu, mais sans avoir de certitude complète. Ainsi les atermoiements de Proust sembleront peut-être moins sceptiques si l'on comprend la vraie nature de la croyance, qui se distingue de la science. Et c'est abusivement qu'« agnostique » en est venu à signifier « non croyant ». Ou alors il faudrait désigner Proust comme un agnostique de l'athéisme. Le narrateur en effet pose, à propos de Bergotte, cette question : « Il était mort. Mort à jamais ? Qui peut le dire[1] ? ».

Proust est donc tenté de croire en l'immortalité de l'âme. Maintenant, de quelle nature est cette immortalité ? « Pour moi, les morts vivent[2] », mais de quelle vie au juste ? La même question se pose à propos d'un bref passage de la fin du *Temps retrouvé.* Le narrateur, évoquant la maladie du corps qui assiège l'esprit, s'écrie : « Avoir un corps, c'est la grande menace pour l'esprit. [...] Le corps enferme l'esprit dans une forteresse ; bientôt la forteresse est assiégée de toutes parts et il faut à la fin que l'esprit se rende[3] ». Que l'esprit se rende, certes, mais qu'il se rende *où* ? Car reddition n'est pas suppression ; l'esprit a sa destination, il rejoint les autres esprits. – Mais de quelle façon ?

Le célèbre morceau sur la mort de Bergotte apporte non pas des preuves que l'âme subsiste (il n'y en a sans doute pas) mais des *traces*, dans notre vie, d'un « monde différent », qui permettent d'affirmer que « l'idée que Bergotte n'était pas mort à jamais est sans invraisemblance[4] ». Ces traces sont constituées par le « faix d'obligations » qui s'impose à l'homme sans que ces obligations reçoivent récompense ou reconnaissance ici-bas, que ces obligations soient d'excellence morale ou de perfection artistique. Pour parler de ces exigences qui sont en nous la trace d'un monde différent, le narrateur emploie – il faut le souligner – un vocabulaire religieux et une image de l'au-delà : « Ses livres, disposés trois par trois, veillaient comme des anges aux ailes déployées et semblaient, pour celui qui n'était plus, le symbole de sa résurrection[5] ».

1 *La Prisonnière*, III, p. 693.
2 *Corr.*, K, XIV, p. 111. Lettre 52, à Mme Arman de Caillavet, 23 avril 1915.
3 IV, p. 613.
4 *La Prisonnière*, III, p. 693.
5 *Ibid.*

Mais de quelle nature est cette résurrection ? Dans le cas présent, il s'agit d'une résurrection – et donc d'une immortalité – par l'art, que Proust exprime, dans un texte où il est question de Vinteuil, par la belle métaphore de la *bouture*. Vinteuil est mort depuis longtemps, mais ce qu'il est au plus profond de lui-même, son essence, est passé dans son œuvre[1], et cela, « pour un temps illimité[2] ». C'est pourquoi, écoutant sa musique, on a l'impression de le rencontrer comme s'il était vivant[3]. Et la rencontre entre l'auteur et l'auditeur de la musique opère une greffe qui fait passer l'essence du premier dans le second, où il peut alors germer : « On dit quelquefois qu'il peut subsister quelque chose d'un être après sa mort, si cet être était un artiste et mit un peu de soi dans son œuvre. C'est peut-être de la même manière qu'une sorte de *bouture* prélevée sur un être et greffée au cœur d'un autre, continue à y poursuivre sa vie même quand l'être d'où elle avait été détachée a péri[4] ». La « bouture » n'est pas ici qu'une simple métaphore ; elle est aussi une véritable notion, qui met en tension le même et l'autre. Par la bouture deux êtres différents, l'arbre et le greffon, deviennent un seul et même végétal, qui fond en un tout unique les propriétés de ces deux êtres primitivement distincts. Et puisqu'on parle de l'*essence* des arbres, c'est bien une seule et même essence que produit la fusion de ces deux individualités. Ainsi, dans le texte que nous venons de citer, l'essence de l'âme du musicien s'implante en celle de l'auditeur où elle continue de vivre après la mort (physique) de l'artiste.

On objectera que cette survie est métaphysique, celle d'une âme dans une âme – mais toute survie n'est-elle pas nécessairement métaphysique, puisqu'elle est celle de l'esprit ? Et cette survie, pour métaphysique qu'elle soit, ne laisse pas de produire des effets dans le monde (du moins tant que ce monde contient des esprits) ; ces effets s'appellent la postérité de l'œuvre. Tel est le pouvoir de l'artiste – éterniser, et s'éterniser : « Tout est dans la puissance de l'expression, et c'est elle

---

1 Voir *Corr.*, K, XIV, p. 180. Lettre 6, à Jacques-Émile Blanche, juillet 1915, où Proust évoque « la chance d'erreur qu'on court toujours, quand on parle d'art en historien, qu'on s'occupe de l'homme, et dans l'homme pas précisément de cette *essence* qu'il exprime dans ses œuvres ». Voir aussi *La Prisonnière*, III, p. 760 : « sa propre essence ».

2 *Prisonnière*, III, p. 759.

3 III, p. 758 : « Aussi bien semblait-il être là. On aurait dit que, réincarné, l'auteur vivait à jamais dans sa musique ».

4 *A D*, IV, p. 105. Nous soulignons.

qui fait durer, ou s'évanouir, des âmes d'ailleurs de même essence[1] ». De cette survie, nous n'avons pas de preuve. Mais quel type de preuve peut-on en attendre ? Certainement pas une preuve empirique, puisque l'expérience impliquerait la présence d'un corps, lequel appartient à « ce monde où nous ne percevons pas directement les âmes[2] ». Non plus qu'une preuve rationnelle : cette dernière en effet met en jeu des concepts, et l'on ne peut conclure du concept à l'être, comme le montrait déjà Thomas d'Aquin dans sa critique de la preuve ontologique d'Anselme. Dans le cas de la pensée proustienne, il ne peut s'agir que d'une preuve n'engageant aucune certitude objective et qui se rattache à l'affectivité, une preuve de sentiment proche du « Dieu sensible au cœur » de Pascal. Le jeune héros d'*À l'ombre des jeunes filles en fleurs* a beau prétendre s'appuyer sur « les dernières découvertes de la science », c'est en réalité la profonde tendresse vouée à sa grand-mère qui lui fait déclarer que « le plus probable était encore l'éternité des âmes et leur future réunion[3] ». Avec cette « future réunion », nous retrouvons la notion de « plérôme » que nous avons avancée précédemment, et qui ne peut se réaliser que dans l'autre monde car ce monde-ci, dit la Gnose, est « la plénitude du Mal[4] ». Nous avons ici-bas une esquisse du plérôme du Bien dans l'affection portée aux êtres aimés, qui vivent de notre vie et qui doivent bien survivre, puisque nous vivons aussi de la leur. En effet, écrit Proust, « nous refaisons tout le temps par la pensée le cercle de famille tel qu'il eût été, tel qu'il est pour nous, sans la mort. Nous avons vraiment ceux que nous aimons près de nous[5] ».

La meilleure illustration, dans la *Recherche*, de ces affirmations de Proust, est sans conteste la scène d'« intermittence du cœur », où la présence-absente de sa grand-mère est révélée au narrateur. Mais cette scène est préparée par une autre évocation célèbre, celle du « téléphonage ».

1 *Corr.*, K, XI, p. 147. Lettre 80, à Jean Cocteau, juin 1912. C'est encore un vocable religieux qu'emploie Proust quand il parle de ce pouvoir de l'artiste, « le miracle suprême, la *transsubstantiation* des qualités irrationnelles de la matière et de la vie dans des mots humains » (*ibid.*, XII, p. 343. Lettre 166, à Lucien Daudet, 27 novembre 1913). Nous soulignons.

2 *J F F*, II, p. 28.

3 II, p. 87.

4 *Hermès Trismégiste*, trad. Louis Ménard, Paris, éd. Trédaniel, 1983, p. 44. On pourrait traduire par « le plérôme du Mal ». La référence au texte grec du *Corpus Hermeticum* est VI, 4, 74, 17.

5 *Corr.*, K, VII, p. 265. Lettre 149, à Georges de Lauris, 27 août 1907.

Le téléphone, à bien y prendre garde, constitue une expérience étrange : il opère une séparation entre la voix et le reste du corps, et nous révèle que, dans la vie courante, la voix de nos proches, nous ne l'entendons pas vraiment. Cette voix une fois détachée du corps, en quelque sorte hors contexte, se révèle à nous en elle-même et toute différente de ce que l'on croyait qu'elle fût[1]. Si l'on songe que l'esprit, par son étymologie, désigne le souffle, et que le souffle c'est aussi la voix, on comprend que le téléphone soit une machine à isoler l'esprit, à séparer en quelque sorte l'âme de son corps, la voix étant « seule, et ne tenant plus à un corps[2] ». C'est pourquoi le narrateur appelle les Demoiselles du téléphone des « prêtresses de l'Invisible[3] ». La communication téléphonique est une expérience de dématérialisation : celui ou celle qui vous parle est alors réduit à son être désincarné, à son essence, à son âme, dont le téléphone est ainsi le révélateur.

Dans le prolongement de cette analyse vient se placer la scène du message à travers la cloison entre le héros et sa grand-mère au Grand Hôtel de Balbec : « Et surtout (me dit-elle) ne manque pas de frapper au mur si tu as besoin de quelque chose cette nuit, mon lit est adossé au tien, la cloison est très mince. [...] Et en effet, ce soir-là, je frappai trois coups[4] ». Et comme le héros s'inquiète de savoir si sa grand-mère ne va pas confondre cet appel avec le bruit d'un voisin qui aurait frappé, elle insiste sur l'impossibilité de toute méprise quant à l'origine de l'appel, comme si celui-ci pouvait à la limite se passer de la vibration matérielle du son, comme si le signal ne faisait plus qu'un avec celui qui l'émet : « Confondre les coups de mon pauvre chou avec d'autres, mais entre mille sa grand-mère les reconnaîtrait ! [...] Mais quand même elle se contenterait d'un grattement on reconnaîtrait tout de suite sa petite souris[5]... ». Et le narrateur conclut la scène en disant qu'il y a là un

1 Voir *C G*, II, p. 433 : « J'entendis cette voix que je croyais à tort connaître si bien, car jusque-là, chaque fois que ma grand-mère avait causé avec moi, ce qu'elle me disait, je l'avais toujours suivi sur la partition ouverte de son visage où les yeux tenaient beaucoup de place, mais sa voix elle-même, je l'écoutais aujourd'hui pour la première fois ». Proust, dans une lettre à Antoine Bibesco du 4 décembre 1902, parle de la « pauvre voix brisée, meurtrie » de sa mère, « à jamais une autre que celle que j'avais toujours connue » (*Corr.*, K, III, p. 182. Lettre 99).

2 *C G*, II, p. 432.

3 *Ibid.*

4 *J F F*, II, p. 29.

5 *Ibid.*, p. 30.

dialogue d'âme à âme, et que la présence physique n'est pas absolument indispensable pour « moi qui ne l'avais jamais vue que dans mon âme[1] ».

La dématérialisation dont nous avons parlé à propos de l'entretien téléphonique se retrouve ici, plus sobre encore, plus poignant, dans l'évocation de ce « doux instant matinal qui s'ouvrait comme une symphonie par le dialogue rythmé de mes trois coups auquel la cloison pénétrée de tendresse et de joie, devenue harmonieuse, immatérielle, chantant comme les anges, répondait par trois autres coups[2] ».

Dès lors, le problème de la survie de l'âme après la mort devient celui du rapport entre ce passage des *Jeunes filles en fleurs* et celui de *Sodome et Gomorrhe* sur l'intermittence du cœur : la voix et les signaux de l'être aimé réduit à son essence, à son âme, sont semblables à une voix d'outre-tombe, à un signal de l'au-delà. Le lien n'est plus alors qu'une « mutuelle tendresse », qui essaie de vaincre la séparation : « Je criais : "Grand-mère, grand-mère", et j'aurais voulu l'embrasser ; mais je n'avais près de moi que cette voix, fantôme aussi impalpable que celui qui reviendrait peut-être me visiter quand ma grand-mère serait morte[3] ».

Encore faut-il que cette mort lui soit révélée, et cette révélation fait l'objet des pages grandioses consacrées à l'évocation des intermittences du cœur[4]. Il s'agit de toute évidence d'un cas particulier de mémoire involontaire, qui produit chez le narrateur un « bouleversement de toute [sa] personne[5] ». En effet, la « présence inconnue, divine[6] », au lieu d'être accompagnée d'une joie intense, cette fois provoque des sanglots et des larmes. Ce qui surgit à sa mémoire, c'est bien « ma grand-mère véritable dont [...] je retrouvais dans un souvenir involontaire la réalité vivante[7] », mais cette résurrection s'accompagne de la révélation de sa définitive absence : « Je venais d'apprendre qu'elle était morte[8] ». – Mais ne le savait-il pas déjà ? Ici l'on constate à nouveau l'abîme profond qui sépare les deux types de savoir que nous connaissons bien : un savoir représentatif, pâle et comme distrait, et un savoir vivant, réel et vrai.

1 *C G*, II, p. 439.
2 *J F F*, II, p. 30.
3 *C G*, II, p. 434.
4 *S G*, III, p. 152-160.
5 *Ibid.*, p. 152.
6 P. 153.
7 *Ibid.*
8 *Ibid.*

Mais la difficulté n'est pas levée pour autant. En effet, lorsque « le souvenir vrai[1] » de sa grand-mère envahit le narrateur, il ne se heurte et ne se trouve démenti que par l'idée représentative (et non point vécue) de sa mort. La seconde devrait donc être effacée, invalidée, par la première. Or, au contraire, elle la révèle :

> Je savais qu'elle ne serait plus jamais auprès de moi, je ne faisais que le découvrir *parce que je venais, en la sentant pour la première fois vivante, véritable,* [...] d'apprendre que je l'avais perdue pour toujours[2].

En un mot, pour souffrir de la mort de l'être aimé, il faut en éprouver encore la vie : l'anéantissement n'est senti comme certain qu'au moment où l'on ressent encore une présence[3]. Le paradoxe sera à son comble lorsque le narrateur fera cette constatation à propos de sa grand-mère : « Je sentais que je ne me la rappelais vraiment que par la douleur[4] ».

La contradiction entre cette « brusque révélation de la mort[5] » et l'intense présence d'une personne dans le souvenir involontaire pose avec force le problème de la survie. Pour l'aborder, Proust n'hésite pas à refaire, non sans grandeur, le voyage d'Ulysse aux Enfers, la fameuse *Nekuia* de l'*Odyssée* d'Homère (Chant XI). Mais dans la *Recherche*, le voyage au pays des morts se fait en rêve, dans le monde du sommeil, là où « de grandes figures solennelles nous apparaissent, nous abordent et nous quittent, nous laissant en larmes[6] ». Le narrateur y rencontre son père : « Mais dis-moi, toi qui sais, ce n'est pas vrai que les morts ne vivent plus. Ce n'est pas vrai tout de même, malgré ce qu'on dit, puisque grand-mère existe encore[7] ». Voilà exprimé, dans ces pages à haute teneur en affectivité, le vœu du sentiment, le désir et la

---

1 *Ibid.*

2 P. 155. Nous soulignons.

3 Voir p. 155 : « Je m'exerçais à subir la souffrance de cette contradiction », etc. La p. 156 évoque à nouveau « cette contradiction si étrange de la survivance et du néant entrecroisés en moi », et la page 157 parle de « la douloureuse synthèse de la survivance et du néant ».

4 P. 156. Notons à ce propos que l'affect est instable, et qu'un trop grand plaisir peut faire souffrir, une douleur aiguë provoquer une jouissance, comme l'enseigne suffisamment le masochisme du Baron de Charlus. Le fait que le souvenir involontaire s'accompagne en général de plaisir, et pour une fois de douleur, ne suffit pas pour les ranger dans deux espèces différentes.

5 P. 156.

6 P. 157.

7 P. 158.

conviction intérieure que viennent corroborer les mots énigmatiques que prononce le rêveur : « Tu sais bien pourtant que je vivrai toujours près d'elle, cerfs, cerfs, Francis Jammes[1] ». Sur le moment, ces mots offrent au narrateur, nous dit-il, un sens limpide et logique, sans nous dire lequel. Serait-il téméraire d'en tenter l'interprétation ? Elle est à vrai dire assez simple.

Proust a rencontré personnellement Francis Jammes ; il connaît fort bien son œuvre ; il fait son éloge à ses correspondants. Il parle par exemple à Henri Ghéon de « l'écrivain contemporain que j'admire le plus, M. Jammes[2] ». Il loue *Clara d'Ellébeuse* dans une lettre à Lucien Daudet[3], et bien sûr il a lu *Le Roman du lièvre.* L'admiration est réciproque, et Jammes accueillera *Du côté de chez Swann* avec enthousiasme.

Francis Jammes peut donc jouer dans le rêve de Marcel le rôle d'intercesseur. Or, l'un des thèmes récurrents de l'œuvre du poète catholique est celui de l'animalité, de la sainteté de l'animal qui est, tout autant que l'homme, digne d'entrer au Paradis. Le poème le plus célèbre de Francis Jammes est bien, de ce point de vue, la « Prière pour aller au Paradis avec les ânes[4] ». Mais il n'y a pas que les ânes qui vont au paradis, il y a aussi les lièvres. *Le Roman du lièvre* (qui est effectivement un chef-d'œuvre) conte l'histoire de Lièvre et sa rencontre avec François (d'Assise bien sûr). Celui-ci le reçoit dans la troupe des animaux qu'il conduit au Paradis, et Patte-usée, au milieu d'eux, « évoquait un cantonnier et un facteur rural[5]… ».

Dans le rêve du narrateur, « Francis Jammes » est flanqué de « cerfs, cerfs », et il y a toutes les chances pour qu'il se charge de les conduire, eux aussi, au Paradis. Maintenant, qui sont ces cerfs ? Pour le savoir, il faut simplement revenir quelque peu en arrière où, dans *À l'ombre des jeunes filles en fleurs*, Mme de Villeparisis présente, au narrateur et à sa grand-mère, la Princesse de Luxembourg :

1 P. 159. Nous ne retenons pas le terme de « fourchette », qui complète simplement, dans le discours du rêve, les allitérations en *f*, et qui d'ailleurs disparaît lorsque le narrateur en répète la formule.

2 *Corr.*, K, XIII, p. 26. Lettre 3 du 2 janvier 1914. Voir aussi XII, p. 37-38. Lettre 9 à Louis de Robert, 25 janvier 1913, et XII, p. 125, lettre 51 à Mme Alphonse Daudet, 2 avril 1913.

3 *Ibid.*, XVII, p. 90. Lettre 27 du 1er février 1918.

4 Dans *Le Deuil des primevères*, Paris, Mercure de France, 1901, « Poésie-Gallimard », 1967, p. 143-144.

5 Paris, Mercure de France, 1918 ; 13e édition, p. 32.

> Dans son désir de ne pas avoir l'air de siéger dans une sphère supérieure à la nôtre, [...] ses regards s'imprégnèrent d'une telle bonté que je vis approcher le moment où elle nous flatterait de la main *comme deux bêtes sympathiques* qui eussent passé la tête vers elle, à travers un grillage, au jardin d'Acclimatation. Aussitôt du reste cette idée d'animaux et de Bois de Boulogne prit plus de consistance pour moi[1].

En effet, la Princesse arrête un marchand ambulant et lui achète tout son fourniment de petits pains, de babas et de sucres d'orge. « Elle me dit : Vous en mangerez et vous en ferez manger aussi à votre grand-mère[2] ». Puis elle salue le narrateur et sa grand-mère, cette fois comme s'il s'agissait d'enfants. Le jeune Marcel alors ironise : « Par un merveilleux progrès de l'évolution, ma grand-mère n'était plus un canard ou une antilope[3] ».

Nous pouvons penser que les cerfs, sous l'effet de ce que Freud nomme le travail du rêve, remplacent les antilopes, et symbolisent le narrateur et sa grand-mère. Le fait que « cerfs » est répété deux fois exprime la dyade que forment le narrateur et la grand-mère. Le contenu latent du présent rêve (qui, comme tout rêve, est l'expression d'un désir) signifie alors que Marcel et sa grand-mère sont conduits au Paradis par l'intercession de Francis Jammes. Interprétation parfaitement confirmée par la fin du morceau sur l'intermittence du cœur :

> Et je ne demandais rien de plus à Dieu, s'il existe un paradis, que d'y pouvoir frapper contre cette cloison les trois petits coups que ma grand-mère reconnaîtrait entre mille, et auxquels elle répondrait par ces autres coups qui voulaient dire : « Ne t'agite pas, petite souris, je comprends que tu es impatient, mais je vais venir », et qu'il me laissât rester avec elle toute l'éternité, qui ne serait pas trop longue pour nous deux[4].

Le rêve exprime donc, dans son langage de rêve, ce que le narrateur articule en toute clarté vigile dans le passage que nous venons de citer. On notera que le langage du rêve avait fait disparaître le *si* (« s'il existe un paradis »). C'est que le rêve, bien sûr, ne connait pas le *si*. Mais cette union, dans l'au-delà, de deux êtres unis sur terre par une mutuelle tendresse, n'est-ce pas là ce que, tout au long de cet ouvrage, nous avons

---

1 II, p. 59. Nous soulignons.
2 II, p. 60.
3 *Ibid.*
4 *S G*, III, p. 160.

nommé le plérôme ? Or, le propre du plérôme, ce n'est pas de réaliser une sorte de fusion anonyme, un esprit universel qui serait le gouffre de toute individualité. La survie proustienne ne peut être qu'une survie personnelle, et en effet le problème de l'identité du moi, qui a tellement tourmenté Proust dès sa jeunesse[1], se retrouve dans ses interrogations au sujet de l'immortalité de l'âme. Lorsque Swann s'interroge sur les raisons de son attachement à Odette, la seule réponse possible n'est-elle pas : parce que c'était elle ? « Il se disait presque avec étonnement : "C'est elle". [...] "Elle", il essayait de se demander ce que c'était ; car c'est une ressemblance de l'amour et de la mort, plutôt que celles, si vagues, que l'on redit toujours, de nous faire interroger plus avant, dans la peur que sa réalité se dérobe, le mystère de la personnalité[2] ».

Que la survie de l'âme, si elle existe, soit personnelle, ne fait que corroborer l'un des axiomes de la pensée de Proust, celui de « l'existence irréductiblement individuelle de l'âme[3] ». La discontinuité qui est, nous l'avons vu, l'une des lois du sentiment proustien de l'existence, semble perpétuellement mettre en péril cette identité personnelle. Et même la discontinuité normale et quotidienne de l'endormissement ne permet au dormeur de récupérer à chaque réveil son propre moi que pour ainsi dire sur fond de miracle. Ainsi, dans le sommeil de plomb, « on n'est plus personne. Comment alors, cherchant sa pensée, sa personnalité comme on cherche un objet perdu, finit-on par retrouver son propre "moi" plutôt que tout autre[4] ? ». Il s'agit là d'une véritable « résurrection au réveil », et la survie personnelle des disparus ne serait alors pas plus surprenante qu'un réveil matinal où l'on *tombe* précisément sur celui que l'on était la veille :

> Et peut-être la résurrection de l'âme après la mort est-elle concevable comme un phénomène de mémoire[5].

La mémoire jouerait, dans l'immortalité de l'âme personnelle, le même rôle qu'elle n'a cessé de jouer durant la vie terrestre : elle n'aurait pour

---

1 Luc Fraisse a montré que Proust, pour préparer une dissertation sur l'identité personnelle, avait arraché au manuel de Rabier les pages (p. 449 *sqq.*) consacrées à ce problème. Ces feuillets subsistent dans les papiers scolaires de l'écrivain. Voir Luc Fraisse, *L'Éclectisme philosophique de Marcel Proust*, *op. cit.*, p. 566.

2 *Swann*, I, p. 303. Voir aussi *A D*, IV, p. 97-98.

3 *Prisonnière*, III, p. 761.

4 *C G*, II, p. 387.

5 *Ibid.*

cela qu'à continuer sur sa lancée. Si la survie est personnelle, les âmes qui ont été liées sur terre le restent dans l'au-delà. Tel est le plérôme, dont une bonne illustration est donnée par la citation de l'Ancien Testament qui clôt le roman de George Eliot *The mill on the Floss*, dont on a noté plus haut toute l'importance que lui accordait Proust. Cette citation, qui s'applique à la mort du héros du livre et de sa sœur Maggie, est la suivante : *In their death, they were not divided* (« Dans leur mort, ils ne furent pas séparés »)[1]. Il faut noter à ce propos que la traduction anglaise choisie par G. Eliot[2] traduit le grec de la Septante[3] et non pas le latin de la Vulgate, qui énonce simplement : *In morte quoque non sunt divisi* (« Dans la mort aussi ils ne sont pas séparés »). On voit que la traduction grecque, dont la traduction anglaise est le décalque, insiste sur le caractère *personnel* de l'union par-delà la mort, alors que la traduction latine, écartée par G. Eliot, est beaucoup plus générale et, pour tout dire, anonyme.

On peut penser que la conclusion de ce roman anglais, lu et relu avec passion par le jeune Proust, hante le rêve du narrateur à la recherche de sa grand-mère, et qu'il la rejoint lorsque la cloison sur laquelle il frappait se trouve enfin levée.

LE *LOGOS* PROUSTIEN

Le texte inaugural de *Du côté de chez Swann* évoque « un homme qui dort ». Le sommeil en effet pose à la subjectivité un problème redoutable, rien moins que son anéantissement temporaire, son éclipse. Si chacun la retrouve intacte au réveil, n'est-ce pas un mystère ? Elle est entourée d'un double cercle, celui de la boussole, celui de la montre, le cercle de l'espace et celui du temps. L'homme qui s'éveille se situe sur ces cercles, il retrouve son moi. Mais parfois, les cercles s'emmêlent, tout se met à tournoyer, il se perd, il n'est plus identique à soi. Le fait primitif du moi proustien est

1 Samuel 2, 1, verset 23.

2 Probablement *The Septuagint with Apocrypha*, London, Samuel Baxter and Sons, 1851. *The Mill on the Floss* est publié en 1860.

3 *Kai en tôi thanathôi autôn ou diéchôristhèsan.*

donc ce tourbillon où l'être ne se possède plus : on reconnaît ici ce que la philosophie classique nomme le problème de l'identité personnelle. Le fait que je me retrouve intact au réveil après m'être endormi suppose la continuité du temps ; or nous avons constaté chez Proust sa discontinuité première, et par là, la discontinuité des « moi », ce que nous avons nommé le « moi feuilleté ». L'œuvre de Proust, à nos yeux, consiste à répondre à la hantise de la séparation, à rétablir la jonction entre les « moi » disparates et à guérir le moi de ses hachures. Si bien que l'on comprend alors parfaitement le rôle des surimpressions qui, en quelque sorte, *clouent les uns aux autres*, de manière transfixiale, les feuillets superposés de l'ego qui, trop souvent, se démentent, ou encore, s'ignorent. L'éclipse du sommeil, que nous venons d'évoquer, est la loi de la vie psychique ordinaire, et l'odyssée de la recherche proustienne consiste à passer de la dispersion à la cohésion. Ce passage s'effectue, nous l'avons vu, par l'expérience du redoublement des impressions. Ce redoublement, fruit du hasard, nous fait éprouver un fugitif sentiment d'éternité et, tant qu'il dure, nous assure de la réalité de l'esprit. Mais ce parcours métaphysique, brièvement rappelé, ne doit pas nous faire oublier qu'il est le parcours d'un artiste et d'un écrivain, et que cet écrivain se signale entre tous par l'originalité de son écriture et par le caractère puissamment significatif de celle-ci. Or, ce que signifie cette écriture est bien que l'intention de toute l'œuvre de Proust est de recueillir et d'unifier. De recueillir pour unifier. Et c'est là ce qu'exprime la fameuse phrase proustienne, sur laquelle il faut s'arrêter quelque peu pour finir. Elle a donné lieu à bien des tentatives d'interprétation. On a prétendu qu'elle renouait avec la « période » classique, qui avait du « nombre[1] », et qui serait alors la matrice de ces « anneaux nécessaires d'un beau style[2] ». Serait-elle aussi l'héritière du style de Flaubert, si finement étudié par Proust, « ce style uni de porphyre, sans un interstice[3] » ? – Mais où serait alors la puissante originalité de sa langue, très consciente chez Proust[4], si on en rattache l'organisation à la lecture des prosateurs qui l'ont précédé ? Néanmoins ne peut-on, sans parler d'influence, trouver une parenté entre le style d'un

1 C'est ainsi que l'interprétait un critique de l'époque, Paul Souday, qui écrivait : « J'ai déjà été amené à poser M. Marcel Proust en rival de Patin, dont la phrase du chapeau était légendaire dans les Facultés et collèges, au temps où l'on étudiait les *Tragiques grecs* ». Cité par Ph. Kolb, *Corr.*, XIX, p. 39.

2 *T R*, IV, p. 468.

3 *Contre Sainte-Beuve*, p. 300.

4 « Chaque écrivain est obligé de se faire sa langue ». Cité dans *T R*, IV, p. 1265, n. 1.

écrivain et celui d'un autre, cet autre écrivain fut-il inconnu de lui ? C'est ce qu'a fait Eugenio d'Ors, qui a rapproché la phrase proustienne de la phrase du baroquisme littéraire. Ainsi estime-t-il baroque « la syntaxe de Proust, où les incises, loin de se subordonner au sujet discursif général, suivent un itinéraire indépendant, créent dans leur cours de nouveaux centres d'attraction, s'élargissent en ellipses, s'enroulent en volutes[1] ». – Mais, à lire par exemple *La Théologie naturelle* d'Yves de Paris, ou l'*Angélique* de Polycarpe de la Rivière[2], on trouve dans leur rhétorique une organisation bien différente de celle de la phrase proustienne, une surcharge perpétuelle, un usage obsédant de la redondance, une vitalité rythmique, un entassement et un éclatement de feu d'artifice... Avec le bourgeonnement de la phrase baroque gonflée de sève, on est loin du mouvement ouaté de celle de Proust, telle qu'il la décrit lui-même : « J'aime par dessus-tout le style pourvu d'amples ailes, et adouci par de moelleuses plumes[3] ». La phrase de Proust n'est pas baroque, elle est proustienne.

Une phrase est un mouvement, et ce mouvement est un geste. Or, le geste proustien par excellence est celui qui recueille, réunit et rassemble, et en cela il est d'accord avec l'essence même du *logos*. Heidegger nous a appris en effet que ce qui domine dans le *legein* grec (d'où vient *logos*, le dire) « c'est le fait de rassembler, c'est le *legere* latin rendu par l'allemand *lesen* au sens d'aller prendre et de réunir[4] ». La phrase de Proust recueille et rassemble[5], et ce rassemblement est une récolte qui, comme toute récolte, est une *mise à l'abri*. Or, Proust ne cesse de réclamer, pour sa pensée, une telle mise à l'abri : « Avec l'instinct de l'insecte dont les jours sont comptés, je me hâte de *mettre à l'abri* ce qui est sorti de moi et me représentera[6] ».

1 *Du Baroque*, Paris, Gallimard, « Folio-Essais », 2000, p. 112.

2 Citons un seul exemple, emprunté à cette dernière œuvre : « Quelle étrange puissance de la voix qui, soit articulée comme aux discours, soit sans dire mot comme aux fredons de Musique, enchante si doucement nos esprits, désenfle nos colères, recalme nos orages, subtilise nos conceptions, éveille nos courages, ouvre nos appétits, épure nos passions, imprime le ris au visage, la sérénité au front, la gaieté aux yeux et le chant sur la langue, dérobant l'Ame à l'Ame même » (*Angélique, des excellences et perfections immortelles de l'âme*, Lyon, 1626, p. 601).

3 *Corr.*, K, X, p. 181. Lettre 86 à Robert Dreyfus, 8 octobre 1910.

4 « Logos », dans *Essais et Conférences*, trad. fr., Paris, Gallimard, 1958, p. 251.

5 Voir Heidegger, *ibid.*, p. 257 : « Dire, c'est l'acte recueilli qui rassemble ».

6 *Corr.*, K, XV, p. 264. Lettre 116 à Bernard Grasset, 14 août 1916. Dans la même lettre, Proust insiste auprès de son premier éditeur pour qu'il l'aide à « assurer un abri à la fin de Swann » (*ibid.*, p. 265).

S'il faut trouver un équivalent à la phrase proustienne, c'est la musique, peut-être, qui le fournira, lorsque le narrateur évoque « les phrases au col sinueux et démesuré de Chopin, si libres, si flexibles, si *tactiles*[1] ». La phrase proustienne, avec ses circonlocutions, ses détours et ses retours, ses parenthèses, se déploie comme un filet qui, dans ses mailles, cherche à capter la pêche miraculeuse pour la ramener en une brassée compacte. Elle est l'équivalent rhétorique de ces impressions qui concentrent en elles toute la physionomie d'un lieu, toute une plage de temps, toutes les parties de nous-même qui s'étaient détachées de ce qu'actuellement nous sommes pour les y amarrer de nouveau. La phrase proustienne est une nasse qui ramasse tous les points de vue partiels et les raccorde, qui relie tous les moi en lamelles qui en nous se superposaient en s'ignorant. Elle saisit tous ces moi pour en faire un moi-un, un moi-*même*, en lui rendant « cette dimension énorme qu'[il] ne savait pas avoir[2] ». C'est une main aux longs doigts, une main préhensile qui ne cesse de ramener à nous les heures perdues, et les signes qu'elle nous adresse nous enseignent « la langue oubliée, aux lourdes et tremblantes syllabes de miel sombre[3] ».

---

1 *Swann*, I, p. 326. Nous soulignons.
2 *T R*, IV, p. 624.
3 Milosz, *op. cit.*, « Nihumin », p. 189.

BIBLIOGRAPHIE

TEXTES

Les Plaisirs et les jours. Jean Santeuil. Éd. P. Clarac et Y. Sandre. Paris, Gallimard, « Bibliothèque de la Pléiade », 1971.

Pastiches et Mélanges. Contre Sainte-Beuve. Essais et articles. Éd. P. Clarac et Y. Sandre. Paris, Gallimard, « Bibliothèque de la Pléiade », 1971.

L'Indifférent, nouvelle. Éd. Ph. Kolb, Paris, Gallimard, 1978.

À la recherche du temps perdu. Édition publiée sous la direction de J.-Y. Tadié, 4 volumes. Paris, Gallimard, « Bibliothèque de la Pléiade », 1987-1989.

Sésame et les Lys de John Ruskin, traduction et notes de Marcel Proust. Édité par A. Compagnon, Bruxelles, éd. Complexe, 1987.

La Bible d'Amiens de John Ruskin, traduction et notes de Marcel Proust. Paris, Payot et Rivages, 2011.

Correspondance de Marcel Proust, établie, préfacée et annotée par Philip Kolb, Paris, Plon, 21 volumes, 1970-1993.

BIOGRAPHIES

ALBARET, Céleste, *Monsieur Proust*, Paris, Laffont, 1973.

BENOIST-MÉCHIN, Jacques, *Avec Marcel Proust*, Paris, Albin-Michel, 1977.

CLARAC, Pierre et FERRÉ André, *Album Proust*, Paris Gallimard, 1965, « Albums de La Pléiade ».

DIESBACH, Ghilain de, *Proust*, Paris, Perrin, 1991.

MORAND, Paul, *Le Visiteur du soir*, Genève, La Palatine, 1949.

PAINTER, George Duncan, *Proust*, Londres, Chatto and Windes, 2 vol., 1959 et 1965.

POUQUET, Jeanne, *Le Salon de madame Arman de Caillavet*, Paris, Hachette, 1926.

TADIÉ, Jean-Yves, *Marcel Proust, biographie*, Paris, Gallimard, 1996, rééd. coll. « Folio », 2 volumes.

OUVRAGES GÉNÉRAUX

BARDÈCHE, Maurice, *Marcel Proust romancier*, Paris, Les sept couleurs, 2 vol., 1971.

BECKETT, Samuel, *Proust* [1930], traduit par Édith Fournier, Paris, Éditions de Minuit, 1990.

BLANCHOT, Maurice, *Le Livre à venir*, Paris, Gallimard, 1959, p. 19-37 : « L'expérience de Proust ».

CATTAÜI, Georges, *L'Amitié de Proust*, *Les Cahiers Marcel Proust*, n° 8. Paris, Gallimard, 1935.

CATTAÜI, Georges, *Marcel Proust*, Paris, Julliard, 1952.

Collectif Proust, Paris, Hachette, 1965, coll. « Génies et Réalités » (textes de A. Adam, F.-R. Bastide, E. Berl, J. Cabanis, P. Fieschi, M. Galey, J. Grenier, Th. Maulnier, J.-F. Revel, G. Sigaux).

COMPAGNON, Antoine, *Proust entre deux siècles*, Paris, Le Seuil, 1989.

CRÉMIEUX, Benjamin, *Du côté de Marcel Proust*, Paris, Lemarget, 1929.

CURTIUS, Ernst Robert, *Marcel Proust*, trad. fr., Paris, Éd. de la Revue Nouvelle, 1928.

FRAISSE, Luc, *Le Processus de la création chez Marcel Proust*, Paris, José Corti, 1988.

FRAISSE, Luc, *L'Esthétique de Marcel Proust*, Paris, Sedes, 1995.

FRAISSE, Luc, *Marcel Proust au miroir de sa correspondance*, Paris, Sedes, 1996.

FRAISSE, Luc, *L'Éclectisme philosophique de Marcel Proust*, Paris, PUPS, « Lettres françaises », 2013.

HENRY, Anne, *Marcel Proust. Théories pour une esthétique*, Paris, Klincksieck, 1981.

HENRY, Anne, *Proust. Le tombeau égyptien*, Paris, Flammarion, 1985.

HENRY, Anne, *Proust*. Paris, Balland, 1986.

HENRY, Anne, *La Tentation de Marcel Proust*, Paris, PUF, 2000.

KRISTEVA, Julia, *Le Temps sensible. Proust et l'expérience littéraire*, Paris, Gallimard, 1994.

LATTRE, Alain de, *La Doctrine de la réalité chez Proust*, Paris, José Corti, 1978.

LATTRE, Alain de, *Les Réalités individuelles et la mémoire*, Paris, José Corti, 1981.

LATTRE, Alain de, *Le Personnage proustien*, Paris, José Corti, 1984.

LATTRE, Alain de, *L'Ordre des choses et la création littéraire*, Paris, José Corti, 1985.

MAURIAC, Claude, *Marcel Proust par lui-même*, Paris, Le Seuil, « Écrivains de toujours », 1953.
MAUROIS, André, *À la recherche de Marcel Proust*, Paris, Hachette, 1949.
MAUROIS, André, *Le Monde de Marcel Proust*, Paris, Hachette, 1960.
PICON, Gaëtan, *Lecture de Proust*, Paris, Gallimard, « Idées », 1963.
TADIÉ, Jean-Yves, *Proust et le roman*, Paris, Gallimard, 1971.
TADIÉ, Jean-Yves, *Proust*, Paris, Belfond, 1983.

MONOGRAPHIES PARTICULIÈRES

BEISTEGUI, Miguel de, *Jouissance de Proust : pour une esthétique de la métaphore*, Paris, Michalon, 2007.
BONNET, Henri, *Le Progrès spirituel dans la « Recherche » de Marcel Proust*, Paris, Nizet, 1979.
BUTOR, Michel, *Répertoires II*, Éditions de Minuit, 1964 (« Les œuvres d'art imaginaires chez Proust »).
CELLY, Raoul, *Répertoire des thèmes de Marcel Proust*, *Cahiers Marcel Proust*, n° 7. Paris, Gallimard, 1935.
DAUDET, Charles, *Répertoire des personnages de « À la recherche du temps perdu »*, *Cahiers Marcel Proust*, n° 2. Paris, Gallimard, 1928.
DELEUZE, Gilles, *Marcel Proust et les signes*, Paris, PUF, 1964.
DESCOMBES, Vincent, Proust. *Philosophie du roman*, Paris, Éditions de Minuit, 1987.
DONZE, R., *Le comique dans l'œuvre de Marcel Proust*, Attinger, 1955.
FERNANDEZ, Ramon, *Proust, ou la généalogie du roman moderne* [1943], Paris, Grasset, 1971.
FISER, Émeric, *L'Esthétique de Marcel Proust*, Paris, Rieder, 1933.
FRAISSE, Luc, *L'Œuvre cathédrale. Proust et l'architecture médiévale*, Paris, José Corti 1990.
GENETTE, Gérard, *Figures I*, Paris, Le Seuil, 1966 (« Proust palimpseste », p. 39-67).
Hommage à Marcel Proust, *Les Cahiers Marcel Proust* [1923], *n° 1*. Paris, Gallimard, 1927 (collectif).
KARPELES, Éric, *Le Musée imaginaire de Marcel Proust*, Londres, Thames and Hudson, 2008 ; trad. fr. 2009.
LEHRER, Jonah, *Proust était un neuroscientifique.* Trad. fr. Paris, Robert Laffont, 2011.

MARTIN-DESLIAS, Noël, *Idéalisme de Marcel Proust*, Paris, Nagel, 1952.
MILLY, Jean, *La Phrase de Marcel Proust*, Paris, Champion, 1983.
MONNIN-HORNUNG, Juliette, *Marcel Proust et la peinture*, Genève, Droz, 1951.
POMMIER, Jean, *La Mystique de Proust*, Genève, Droz, 1939.
POULET, Georges, *Études sur le temps humain*, Paris, Plon, 1950 (p. 364-404).
POULET, Georges, *L'Espace proustien*, Paris, Gallimard, 1963.
RICHARD, Jean-Pierre, *Proust et le monde sensible*, Paris, Le Seuil, 1974.
RICŒUR, Paul, *Temps et récit, II.* Paris, Le Seuil, 1984 (p. 194-225).
SIMON, Anne, *Proust ou le réel retrouvé*, Paris, PUF, 2001.
SOUZA, Sybil de, *La Philosophie de Marcel Proust*, Paris, Rieder, 1939.
SPITERS, Thomas, *Les Mots de Proust*, Nantes, Pleins feux, 2005.
TRAHARD, Pierre, *L'Art de Marcel Proust*, Paris, Dervy, 1953.

INDEX

TABLE DES MATIÈRES

DU MÊME AUTEUR

Maine de Biran, penseur de l'immanence radicale, Paris, Seghers, coll. « Seghers Philosophie », 1974.

Condillac, Le commerce et le gouvernement, édition et introduction par Gilbert Romeyer Dherbey, Genève, Slatkine Reprints, coll. « Ressources », 1980.

Les Choses mêmes. La pensée du réel chez Aristote, Lausanne, L'Âge d'Homme, coll. « Dialectica », 1983. (Ouvrage couronné par l'Institut. Prix Victor Cousin de l'Académie des Sciences morales et politiques, 1984).

Maine de Biran, De l'influence de l'habitude sur la faculté de penser (Premier Mémoire de 1800, inédit. Second Mémoire de 1802. Accompagnés de nombreux inédits). Édition critique établie à partir des manuscrits. Introduction, notes et variantes, appendices, bibliographie et index, avec un portrait inédit de Maine de Biran. Paris, Vrin, 1987.

Edition, avec Introduction et Bibliographie, des *Rêveries d'un païen mystique*, de Louis Ménard, édition, introduction et bibliographie par Gilbert Romeyer Dherbey, Paris, Trédaniel, 1990.

« Là-bas, tout est plus beau ». L'inspiration plotinienne dans la Sylvie *de Gérard de Nerval*, Athènes, Institut français, 1992.

Corps et âme. Sur le « De anima » d'Aristote. Études publiées sous la direction de G. Romeyer Dherbey, réunies par C. Viano, Paris, Vrin, 1996.

L'Animal dans l'Antiquité. Études publiées sous la direction de G. Romeyer Dherbey, réunies par B. Cassin et J.-L. Labarrière, Paris, Vrin, 1997.

La Parole archaïque. Paris, PUF, coll. « Questions », 1999.

Socrate et les Socratiques. Études publiées sous la direction de G. Romeyer Dherbey, réunies par J.-B. Gourinat, Paris, Vrin, 2001.

Essai sur le système philosophique des Stoïciens, de F. Ogereau. Réédition, avec Etude introductive et Notes, en collaboration avec J.-B. Gourinat, La Versanne, Encre Marine, 2002.

L'Excellence de la vie. Sur l'« Éthique à Nicomaque » et l'« Éthique à Eudème » d'Aristote. Études publiées sous la direction de G. Romeyer Dherbey, et réunies par G. Aubry, Paris, Vrin, 2002.

La Morale d'Épicure, de J.-M. Guyau. Réédition, avec Etude introductive et Notes, en collaboration avec J.-B. Gourinat, La Versanne, Encre Marine, 2002.

Une trace infime d'encre pâle. Six études de littérature et philosophie mêlées. La Versanne, Encre marine, 2003.
Les Stoïciens. Études publiées sous la direction de G. Romeyer Dherbey et réunies par J.-B. Gourinat, Paris, Vrin, 2005.
Aristote théologien et autres études de philosophie grecque, Paris, Les Belles-Lettres, coll. « Encre Marine », 2009.
Les Sophistes, Paris, PUF, Collection « Que sais-je ? » 2012 (7e édition mise à jour).